ROMÂNTICO, SEDUTOR E ANARQUISTA

A marca FSC® é a garantia de que a madeira utilizada na fabricação do papel deste livro provém de florestas que foram gerenciadas de maneira ambientalmente correta, socialmente justa e economicamente viável, além de outras fontes de origem controlada.

ANA MARIA MACHADO

Romântico, sedutor e anarquista

Como e por que ler Jorge Amado hoje

Copyright © 2014 by Ana Maria Machado

Grafia atualizada segundo o Acordo Ortográfico da Língua Portuguesa de 1990, que entrou em vigor no Brasil em 2009.

Capa
Joana Figueiredo

Preparação
Leny Cordeiro

Revisão
Valquíria Della Pozza
Mariana Zanini

Dados Internacionais de Catalogação na Publicação (CIP)
(Câmara Brasileira do Livro, SP, Brasil)

Machado, Ana Maria
  Romântico, sedutor e anarquista : como e por que ler Jorge Amado hoje / Ana Maria Machado — 1ª ed. —São Paulo : Companhia das Letras, 2014.

  ISBN 978-85-359-2500-5

  1. Amado, Jorge, 1912-2001 - Crítica e interpretação I. Título.

14-09665   CDD-869.9309

Índice para catálogo sistemático:
1. Romances : Literatura brasileira ; História e crítica   869.9309

[2014]
Todos os direitos desta edição reservados à
EDITORA SCHWARCZ S.A.
Rua Bandeira Paulista, 702, cj. 32
04532-002 — São Paulo — SP
Telefone: (11) 3707-3500
Fax: (11) 3707-3501
www.companhiadasletras.com.br
www.blogdacompanhia.com.br

Sumário

Prefácio: Das artes de ser Amado e ser forte como um Machado — Lilia Moritz Schwarcz 7
Introdução: O dengo que o Amado tem 13

Uma escolha natural 21
Qual é o seu Amado? 30
Má fortuna, amor ardente 40
Os sentidos do popular 46
O desejo de seduzir 63
Um romântico anarquista 72
Velhos ingredientes, novos temperos 83
Um e outro (e mais outro ainda) 100
Risco de milagres 111
A tentação da utopia 122

Notas 133

Prefácio
Das artes de ser Amado e ser forte como um Machado

Lilia Moritz Schwarcz

Nada como um bom pretexto que vira texto, e vice-versa: um texto que é bom pretexto. Melhor ainda quando todos nós, leitores de Ana Maria Machado e de Jorge Amado, saímos ganhando. É o caso deste livro, em que acompanhamos um belo encontro entre dois literatos; ou melhor, um diálogo feito de palavras e ideias.

Tudo começou com uma viagem como "Visiting Professor" ao Centro de Estudos Brasileiros da Universidade de Oxford, instituição com que a Academia Brasileira de Letras tem um acordo e mantém uma cátedra. Por sinal, a cátedra traz o nome do fundador da ABL: Machado de Assis.

Ana Maria Machado passou um trimestre por lá, e, além dos cursos e palestras que ministrou, tinha pela frente a oportunidade de desenvolver uma pesquisa sobre um dos autores brasileiros constantes do currículo de letras modernas. Tal qual a escolha de Sofia, nossa crítica acabou optando, e não sem hesitar um tanto, por estudar Jorge Amado.

Mas, em vez de seguir a veia tradicional, que significaria escrutinar livro a livro, Ana Maria Machado, com sua conhecida originalidade e a vontade genuína de se pôr à prova, selecionou a obra do escritor baiano como um todo, principalmente por causa do desafio que ela continha.

Sabemos que a obra de Jorge Amado sempre experimentou uma contradição fundamental. Ou seja, a desproporção entre o sucesso de público e a crítica severa ou até o silêncio por parte dos especialistas em história da literatura brasileira; por aqui e mesmo no exterior.

Já Ana Maria Machado escolheu uma trilha sinuosa, e enveredou não pela solução, mas pelo problema. Como entender tal descompasso sem abrir mão de introduzir sua própria visão acerca do autor e de sua obra?

Com sua habitual limpidez de argumentos, a autora escrutina, então, as várias possibilidades que explicariam tal *gap* entre fortuna crítica e público leitor e fiel. Sagaz e contundente, ela vai abrindo, e ao mesmo tempo desmontando, cada um dos argumentos, que, tal edifício de vários andares, podem ser lidos e entendidos em conjunto, mas também em separado. Valente, ela enfrenta e desfaz as várias teorias: a ideia de que Amado vendia uma certa baianidade superficial e exótica; que era um mero divulgador das ideias de harmonia racial de Gilberto Freyre; que não passava de um produto de marketing bem-feito; que seu sucesso era resultado de uma ação entre amigos. Não contente com esse vasto cardápio, ela ainda analisa as críticas que rodearam a atuação do literato no Partido Comunista. Como mostra Ana Maria, aí estava uma circunstância que interferia na recepção de Jorge Amado, para o bem e para o mal. Para alguns, a obra do escritor não tinha qualidade literária por conta dos seus vínculos, por demais imediatos, com os temas e propostas do PCB (além da acusação de que seria o partido o principal responsável pela divulgação dos vários livros). Para outros, ocorreria o oposto: Amado merecia ser criticado justamente por ter deixado o partido e denunciado as atrocidades então cometidas pela União Soviética. Isso sem esquecer aqueles que, vinculando o escritor baiano ao gaúcho Erico Verissimo, encontraram novo rótulo negativo na ideia de "regionalismos". Como se descrever o diferente significasse menos do que falar do nacional. Ou como se o nacional não fosse uma construção social feita de vários regionalismos.

Como se vê, a partir do levantamento criterioso de Ana Maria Machado, Jorge Amado mais se assemelhou ao famoso "pau pra toda obra", ou viria a confirmar o provérbio "se ficar o bicho pega, se correr o bicho come".

O fato é que nossa autora escapa das saídas fáceis e das regras prontas e investe na própria interpretação. Talvez ela esteja atrás de outro dito popular, que brinca com a ideia de que é possível enganar muitos por pouco tempo, poucos por muito tempo, mas nunca todos por todo o tempo. Isto é, se Jorge Amado fosse apenas um "enganador", fruto da ação do mercado — nacional e estrangeiro —, não teria essa solução de efeito duradouro, e sem "data de vencimento".

Sensível e sem ter medo de mostrar parcialidades, como, aliás, fazem os bons críticos literários, Ana Maria Machado aposta na ideia da utopia presente em toda a obra de Jorge Amado, ou no que chama de "paixão pelo amoroso". Nesse quesito, o literato baiano estaria bem acompanhado de Victor Hugo, que nunca escondeu seu verismo e realismo, assim como também contou com um grande descompasso entre o amor irrestrito de seus leitores e a desconfiança persistente da crítica especializada.

É essa esperança numa "saída brasileira", seja lá qual for; esse investimento na ideia de uma mestiçagem nacional — que longe de apagar as violências imperantes é antes um alerta sobre as possibilidades de uma mescla cultural que gera uma nova civilização — que faz Jorge Amado tão amado. A possibilidade de nos olharmos no espelho e conseguirmos nos reconhecer. A utopia de nos apalparmos e darmos de encontro com uma imagem que nos diz respeito. Não para criar uma essência e uma identidade congeladas, mas para buscar, como afirma Ana Maria, uma "tentação do impossível", fazendo um paralelo com a expressão de Vargas Llosa, uma "possibilidade tentadora".

Tomar um autor na contramão, no contratempo do cânone, é tarefa não "para quem quer, mas para quem pode". Ana Maria, com seu grande desprendimento e liberdade de pensamento, redescobre um mesmo autor, e nos devolve um Jorge Amado ainda mais vivo, sensual, pulsante, violento e humano, cheio de contraste e contradições — aliás, parte da matéria e do fermento humano que constituem cada um de nós.

Mas comecei a me perguntar se existiria um motivo a mais nessa eleição intelectual e emotiva de Jorge Amado por Ana Maria Machado. Fiquei com a sensação de que, para além do desafio de ir contra a corrente, havia aí uma identificação profunda.

Quem sabe ela residiria na qualidade rara, que ambos os escritores têm (de sobra), de narrar uma boa história, de levar o leitor pela mão durante páginas e mais páginas, descrever um ambiente de maneira a quase lhe conferir visualidade, produzir identidade e identificação com os personagens, tratar dos grandes e dos anônimos, da alegria e do sofrimento. Quem sabe a uni-los estaria uma outra utopia. A utopia de juntar, em doses equilibradas e bem definidas, tudo o que faz de um enredo uma boa literatura; tudo o que permite prever que, como dizia Barthes em suas *Lições*, "a literatura nunca diz que sabe, mas a seu jeito sabe muito das coisas". Se isso for verdade, a boa literatura não tem mesmo marca de gênero, data, idade ou fórmula evidente.

Se eu tiver mesmo razão, e pensado dessa maneira, é difícil dizer quem homenageia quem, ou, afinal, quem é exatamente sujeito ou objeto desta reflexão.

Claro que sabemos... Mas, leitora dos dois que sou, acabei descobrindo um no outro, mirando um e encontrando o outro. Neste pequeno livro, uma pequena joia, temos a boa companhia de dois autores que separados, mas sobretudo juntos, fazem muito bem à nossa literatura.

Introdução
O dengo que o Amado tem[*]

> *É dengo, é dengo, é dengo, meu bem*
> *É dengo que a nega tem*
> *Tem dengo no remelexo, meu bem*
> *Tem dengo no falar também*
> Dorival Caymmi

Como acabo de escrever um livro sobre Jorge Amado, recebo de uma revista cultural a encomenda de escrever sobre ele e as identidades nacionais em sua obra. Confesso que não me sinto muito à vontade. Antes de mais nada porque não gosto de generalizações, acho que são sempre insatisfatórias e questionáveis. Parece-me, mesmo, que um dos papéis do intelectual é se contrapor a elas e estar sempre a objetar, a lembrar que *não é bem assim* e a insistir em que *por outro lado...*

Além disso, também não gosto dessas tentativas de estabele-

---

[*] Texto publicado na *Revista Brasileira*, Rio de Janeiro: Academia Brasileira de Letras, n. 49, ano XIII, fase VII, pp. 91-6, out./dez. 2006.

cer relações entre literatura e identidade (muito embora o plural que me encomendaram seja bem mais palatável que uma identidade única). Duvido mesmo que exista essa tal de identidade nacional expressável numa obra de arte. E desde que, há mais de um século, Machado de Assis discutiu em um famoso artigo a questão do sentimento de nacionalidade em relação a nossa expressão literária, já devíamos ter aprendido a tentar deixar para trás essa preocupação de misturar as duas.

Mas, enfim, posso entender que se trata apenas de um pretexto para debater algumas questões identitárias na obra de Jorge Amado. Isso, sim, dá para tentar fazer.

Podemos começar recapitulando um pouco. Amado foi um escritor extremamente precoce e estreou muito jovem. Aos dezesseis anos publicou seu primeiro romance (*Lenita*) — na imprensa, sob forma de folhetim e em parceria com outros. Teve o bom senso de posteriormente renegá-lo. Mas com dezoito anos já estava publicando sua primeira obra "oficial", *O país do Carnaval* (no título, uma aguda e precisa intuição sobre um importante aspecto do que somos), logo seguida de *Cacau* e *Suor* — trilogia que depois, em conjunto, consideraria "cadernos de um aprendiz de romancista". Podia ser aprendiz, mas já tinha um olhar atento e sensível para as camadas populares baianas e um ouvido de primeira para a linguagem do povo. Com sua chegada, pela primeira vez em nossa literatura o falar coloquial do brasileiro comum chega com força total à ficção, sem bizarrices nem artificialismos intelectuais. E se a pátria é a língua — como já disseram poetas —, nessa linguagem os leitores brasileiros podiam morar, se reconhecer e se sentir em casa.

A reação nos meios acadêmicos não foi pequena, embora não se assumisse como defesa de um registro linguístico lusitano ou erudito e se disfarçasse em críticas ao autor, por seu uso vulgar e chulo do idioma ou a sua frouxidão gramatical.

Parece-me interessante chamar a atenção para esse aspecto, antes de mais nada, porque raramente se focaliza a linguagem de Jorge Amado ao falar de sua obra. No entanto, estou convencida de que é com ela que seu leitor se identifica em primeiro lugar. Ela é que seduz de imediato e sai escancarando portas para quem não estava acostumado a ler romances ou livros de muitas páginas. Graças a ela, em grande parte, a obra amadiana dá um passo fundamental para a formação de nosso público leitor e a ampliação do mercado editorial brasileiro — ao lado de outros para quem a crítica também torceu o nariz, como Erico Verissimo. Acaba sendo uma das chaves para explicar o extraordinário e prolongado sucesso desse romancista num país de não leitores. Um sujeito que escreve como a gente fala — num tempo em que as vanguardas até pregavam teoricamente a busca de um estilo brasileiro de escrever, mas muitas vezes derrapavam feio na prática.

Há também, evidentemente, o papel do próprio universo dessa obra — seus personagens, cenários, situações, as histórias que conta, os problemas que debate. Com formas e técnicas influenciadas por matrizes populares (como a literatura de cordel, o folhetim, o romance popular, o melodrama) ou pela força da imagem e dos novos meios que se firmavam (como o cinema, sobretudo a "fita em série"), a obra do romancista vai focalizando os oprimidos, marginais e espoliados — vagabundos, meninos de rua, prostitutas, pais de santo, pescadores, trabalhadores do cacau, pobres em geral, quase sempre negros ou mestiços. Faz deles seus heróis, em livros empolgantes como *Jubiabá*, *Capitães da areia*, *Mar morto*, *Terras do sem-fim*. Traz esses personagens para suas páginas em quantidades inéditas e com uma carga positiva fortíssima, como jamais se vira em nossa literatura. Sobretudo, com uma verdade intrínseca reconhecível e inegável — ainda que, aqui e ali, excessivamente recoberta de idealização ou constrangedoramente dócil a ditames partidários.

Ah, sim, porque a essa altura a questão partidária está cada vez mais em cena. Tanto que começa a atrapalhar, sobretudo em *São Jorge dos Ilhéus* e *Seara vermelha* e nos livros especificamente destinados a celebrar figuras do Partido Comunista ou situações destinadas ao mero proselitismo. Mesmo o leitor mais entusiasmado tem dificuldade em se reconhecer nelas (um obstáculo que, por si só, já complica bastante os processos de identificação) e relevar os chavões e o artificialismo dos discursos políticos cheios de palavras de ordem, o milagre das conversões partidárias, os previsíveis intelectuais esclarecidos membros do partido, as repetidas greves salvadoras, o maniqueísmo redutor, a insistência em resumir toda a representação da realidade numa luta de classes.

Sorte para nossa literatura que, em certo ponto, Jorge Amado toma conhecimento de realidades que ignorava nos países do Leste. Sua honestidade intelectual e rigor ético não lhe permitem fechar os olhos para o que vai sabendo, e decide sair do Partido Comunista, ainda que continue sempre solidário com os espoliados. Em seguida, deixando para trás as amarras do realismo socialista e as obrigações da catequese política, escreve *Gabriela, cravo e canela* (1958), um canto de amor à liberdade. Inaugura novo momento em sua obra. Percebe que em nossa sociedade havia várias outras formas de opressão, além da classe. Começa a examinar costumes, comportamentos. Traz as mulheres para o primeiro plano e começa a se debruçar sobre questões de gênero — antes que, ao final dos anos 1960, o feminismo lançasse suas luzes sobre elas.

Passamos então a ter de encarar outros aspectos nessa representação identitária que ocorre nos romances do autor baiano. Mulher em primeiro plano, sim, mas sempre uma mulata sensual, bonita, em geral promíscua ou sexualmente liberada, gostosa e disponível, jovem, sem filhos, boa cozinheira. Por isso mesmo, se erigindo em um estereótipo polêmico e classificado de machista. Até certo ponto, críticas pertinentes. Mas, no fundo, algo bem mais complexo do que isso. Em *Gabriela*, por exemplo, vemos como a obra acompanha o nítido processo de crescimento e superação de cinco personagens femininos diferentes, no sentido de uma maior autonomia, degrau a degrau, como se subindo uma escada: Ofenísia, Sinhazinha, Glória, Gabriela e Malvina. Ofenísia morre de um amor contrariado pela proibição do irmão; Sinhazinha é morta pelo marido ao ser surpreendida em adultério; Glória é castigada pelo amante apenas com a perda de seus bens materiais após o flagrante de sua traição; Gabriela recusa o casamento e trai o marido mas acaba ficando com ele como amante; Malvina enfrenta a autoridade paterna, foge de casa e vai trabalhar para se sustentar.

Os personagens femininos passam a dominar a obra tardia de Amado, com as presenças fortes de d. Flor, Tieta, Tereza, até mesmo da santa — e várias outras menores. Na maioria das vezes, não se trata apenas de uma mulher-objeto, mas de um sujeito desejante e atuante. Amplia-se o leque de representações identitárias. E a esses retratos de relações de gênero vem se somar outro aspecto: a discussão das relações de etnias por meio da celebração da mistura cultural.

Essa tem sido outra forte crítica recebida nos últimos anos pela obra de Jorge Amado. Além de acusado de idealizar a mulher na figura das mulatas sensuais, o romancista também tem apanhado por reforçar o "mito da democracia racial brasileira" e se somar a Gilberto Freyre no que seria uma espécie de empulhação deletéria ao examinar nossa identidade. Também sobre esse aspecto convém ser menos leviano nas acusações e olhar com mais objetividade. Basta deixar de lado os conceitos prévios e partir diretamente para a leitura dos romances de Amado. Sobretudo aqueles em que essa questão desempenha papel primordial (*Tenda dos Milagres* e *O sumiço da santa*) e as novelas que formaram *Os pastores da noite* e *Os velhos marinheiros*.

Nessa leitura, a primeira constatação é que em nenhum momento aparece qualquer forma de celebração a algo que possa ser chamado de democracia racial, engano com que o autor não compactua. A segunda é que, na verdade, um aspecto que se pudesse caracterizar com propriedade como étnico ou racial também não prepondera em seus textos. O que existe, sim, é a exaltação de uma mestiçagem *cultural*, vista como uma realidade existente e inegável. Muito mais que isso, como uma soma enriquecedora, uma integração fecunda e desejável, uma solução a ser buscada, reconhecida, valorizada e defendida a todo custo. Uma miscigenação de culturas que *incorpora* (até mesmo no seu sentido literal, *traz para dentro do corpo* pelo sexo e pela mediunidade) as contribuições africana e europeia, mas também — e muito — os aportes indígena e árabe. Em tempos de crescimento dos movimentos de consciência negra, tal visão pode ser polêmica e tem sido muito criticada, pelo entendimento de que não se deve gabar/idealizar a mistura, mas sim reafirmar orgulhosamente a matriz africana na identidade nacional. Mas não é honesto acusá-la do que não é, escamoteando que tal celebração se faz no plano cultural e não étnico.

Não é necessário entrar nessa discussão para frisar que, ao festejar a riqueza da mestiçagem brasileira, Jorge Amado não está elogiando a violência sexual dos senhores de engenho contra as escravas. Está apenas festejando o esplendor cultural resultante de nossa miscigenação, povo formado de muitos aportes, de distintas populações que já traziam influências e misturas de várias outras sociedades.

Da mesma forma, há mais um aspecto de nossa identidade, mais sutil e talvez superficial, também muito bem representado pela obra de Jorge Amado. Quer fazer o teste? Quando você viaja ao exterior, como é que conhece ao longe um brasileiro? Como é que aparecemos aos olhos dos outros? Escolha seus próprios termos para designar essa imagem em que você está pensando. Não precisa falar exatamente na alegria, na cor da pele, no riso, na dança, na sensualidade, na graça e veneno da mulher brasileira, no colorido, no falar alto, no jeitinho, na improvisação, no carinho com as crianças, no tapinha nas costas, no abraço caloroso, na ginga, na bagunça, no dengo — e em tantas outras expressões que rejeitamos como chavões e estereótipos, mas que remetem a percepções nítidas e imediatas de nossa atitude, pois nos ajudam a nos identificar mutuamente quando nos cruzamos lá fora. Você conhece algum outro autor em cuja obra elas estejam tão presentes como na de Jorge Amado? Não admira que antropólogos respeitáveis, como Roberto DaMatta e Ilana Strozenberg, tragam de sua leitura uma visão que contribui para nossa autocompreensão.

Quem duvidar que leia seus livros. No mínimo, vai ter muito prazer com a leitura.

Uma escolha natural

Começo a escrever este livro na Inglaterra, em Oxford. Mas, até poucos meses atrás, ele não estava nos meus planos. Só sabia que vinha dar um curso aqui. Aos poucos, fui tendo vontade de fixar a experiência intelectual que estou vivendo e compartilhá-la com os leitores. Podemos iniciar tudo pela explicação das circunstâncias.

A Academia Brasileira de Letras tem um acordo com o Centro de Estudos Brasileiros da Universidade de Oxford para lá manter a cátedra Machado de Assis, com o objetivo de divulgar nossa literatura num dos mais antigos monumentos ocidentais ao incontrolável desejo de saber.

Nos termos do acordo, todo ano um membro da ABL passa um trimestre em Oxford dando um curso, fazendo palestras e seminários sobre um dos autores brasileiros do currículo de letras modernas — Machado de Assis, Graciliano Ramos, Jorge Amado e Clarice Lispector.

Em 2004, o acadêmico indicado pela ABL, Sergio Paulo Rouanet, escolheu focalizar o nosso fundador e ministrou um curso em que aproximava a prosa machadiana da obra de Laurence Sterne. Em 2005, foi a minha vez. Tinha de escolher entre os outros três autores. Após um primeiro impulso de selecionar Clarice, por ser mulher e por suas inúmeras qualidades de prosadora magistral, sobretudo como contista, ponderei melhor e mudei de ideia: resolvi que ia me dedicar a Jorge Amado.

Tinha algumas boas razões para isso.

Antes de mais nada, a constatação de que Clarice Lispector provavelmente é hoje a autora nacional mais estudada no exterior, sobretudo a partir da intensa valorização que sua obra experimentou desde que foi descoberta pelas feministas francesas na década de 1970. Seguramente, eu não teria grande coisa a acrescentar a tão esplendorosa fortuna crítica de alguém que está vivendo um momento de grande evidência, a ponto de ser considerada na intimidade dos professores de literatura brasileira como "a queridinha das universidades estrangeiras". Portanto, com toda a certeza, dos três autores que me restavam disponíveis para a seleção, entre os brasileiros do cânone oxfordiano, sem dúvida seria ela a menos beneficiada com minha eventual atenção, tamanho o interesse que sua obra já desperta nos meios acadêmicos internacionais. Minha utilidade seria bastante reduzida.

Pode não parecer muito simpático, mas a verdade manda que eu confesse também que pesou na escolha a minha disposição de trabalhar a sério, de passar um ano inteiro lendo e relendo intensivamente a obra do autor que selecionasse, mergulhada em seus textos. E o universo de Clarice Lispector é tão opressor e angustiante, tão pesado e tenso, que me descobri hesitante diante da perspectiva aflitiva de uma imersão prolongada na admirável eloquência de seus silêncios e na densidade de suas minúcias de nervo exposto. Não dá para sair incólume. No fundo, reconheço que talvez eu tenha sido mesmo motivada por um certo movimento de autoproteção emocional ou de puro medo de ficar tanto tempo envolvida pelos altos graus de ansiedade que constituem o universo de Clarice Lispector. Aliás, foi mesmo um grande amigo dela, o poeta Paulo Mendes Campos, que em uma bela crônica fez a distinção entre os artistas que admiramos e os que amamos. Constatei que, embora admire intensamente a prosa clariciana sem restrições, e ame a leitura de seus textos em doses homeopáticas, com direito a pausas, não me via com estofo emocional para atravessar alguns meses de foco concentrado e dedicação exclusiva ao inescapável desconforto em que seus textos me instalam. Sou suscetível a climas. Com toda a probabilidade, tais atmosferas cobrariam seu preço em mim.

Assim, em nome do puro prazer, preferi mergulhar na Bahia de Jorge Amado, já que me dispunha a permanecer um bom tempo em sua companhia. E reencontrar aquela prosa solar e saudável cuja leitura descobrira em minha adolescência e à qual muito pouco voltara nos últimos anos — no que estava refazendo as circunstâncias leitoras de muitos brasileiros, como vim a descobrir em várias conversas que tive com amigos no decorrer do meu trabalho.

Ao mesmo tempo, seria uma espécie de desafio intelectual provocador. Uma oportunidade para não trilhar as veredas acadêmicas de sempre e sair dos caminhos batidos. Confrontar-me com um tipo diferente de enigma a examinar e decifrar. Tentar balizar, modestamente, o lugar de um escritor quase único. Um autor tão na contramão da tendência dominante na literatura contemporânea, tão pouco dado a mergulhar na introspecção psicológica ou a "puxar angústia" (na inesquecível expressão de Fernando Sabino) que parece até recusar a própria condição da modernidade. Ou, para definir esse fenômeno com a ajuda de um olhar alheio, o do peruano Mario Vargas Llosa:

> Em poucos escritores modernos encontramos uma visão tão "sadia" da existência como a que propõe a obra de Jorge Amado. Geralmen-

te (creio que existam poucas exceções a essa tendência) o talento dos grandes criadores de nosso tempo tem se debruçado, especialmente, sobre o destino trágico do homem, e explorado os abismos sombrios por onde ele pode precipitar-se. Como explicou Bataille, a literatura tem representado sobretudo "o mal", a vertente mais destrutiva e ácida do fenômeno humano. Jorge Amado, ao contrário, como é comum nos clássicos, exaltou o reverso daquela medalha — a cota de bondade, alegria, plenitude e grandeza espiritual, que a existência também comporta, acaba sempre em seus romances ganhando a batalha em quase todos os destinos individuais.[1]

Ainda mais porque tal escolha tinha outras duas justificativas que merecem consideração.

Por um lado, o baiano era o único acadêmico entre os três nomes disponíveis, e, se a Academia Brasileira de Letras é a instituição que patrocina o programa conjunto com o Centro de Estudos Brasileiros, pareceu-me desejável e justo que, antes de passar aos outros, o foco dos cursos se dirigisse a um de seus membros.

Por outro lado, já há algum tempo venho achando que a obra de Amado anda merecendo uma reavaliação crítica, agora que já se passaram alguns anos de sua morte. Como costuma acontecer nesses casos, o tempo age no sentido de efetuar uma espécie de decantação. As opiniões mais emocionais sobre seus escritos já tiveram algum tempo para assentar, turvando menos as águas que as envolvem.

De certo modo, trata-se de um caso semelhante ao de Erico Verissimo, mas talvez mais agudo.

Não seria a primeira vez que um paralelismo aproxima a sorte desses dois autores, muito provavelmente os mais populares hedonistas de nossa literatura moderna. O próprio Jorge menciona esse destino comum, numa declaração feita nos anos 1930:

O mundo já começa a se interessar pela literatura brasileira. Livros novos são traduzidos e agradam. Há poucos dias, um escritor norte-americano, Samuel Putnam, escrevia numa revista dos Estados Unidos um artigo onde de repente dizia uma coisa mais ou menos assim: "por mais incrível que pareça, os melhores romances de massa que se fazem hoje no mundo são brasileiros". E citava a Erico Verissimo e a mim.[2]

Unidos os dois, para o bem e para o mal. E com perfeita consciência disso. Em *Navegação de cabotagem: Apontamentos para um livro de memórias que jamais escreverei*,[3] Jorge Amado relembra uma conversa que teve com o amigo gaúcho a esse respeito, sobre o sucesso que ambos tinham e a má vontade da crítica em relação a eles. A recordação evocada pelo baiano se completa com um comentário: "Certos críticos [...] nunca nos perdoaram o público que nossos livros conquistaram, nos malharam a vida inteira".

Em suas lembranças, Jorge Amado conta que Erico concordou e acrescentou: "Eles nos acham muito burros, Jorge".

Continuaram sempre amigos, em percursos paralelos. Ainda em *Navegação de cabotagem*, Amado recorda que, em 1970, em pleno governo autoritário do general Médici, o ministro da Justiça, Alfredo Buzaid, apresentou um projeto de censura prévia para a publicação de livros. Por telefone, Jorge e Erico, os dois escritores mais lidos do país, decidiram então fazer uma enérgica declaração conjunta, dizendo que jamais aceitariam isso, em hipótese alguma. Se necessário, deixariam de publicar no Brasil. Combinaram uma estratégia de divulgação e conseguiram que vários jornais de diferentes cidades reproduzissem suas palavras. O ministro recuou e o projeto acabou engavetado, para orgulho dos romancistas, como comenta Amado: "Para alguma coisa há de servir possuir grande público, leitores em profusão, merecer carinho e respeito: o poder dos escritores".

Seja como for, apesar do belo trabalho que vem sendo desenvolvido na Bahia pela Casa de Jorge Amado, o fato é que os meios universitários em geral (com as honrosas exceções de praxe, sobretudo nos últimos tempos, em faculdades baianas, mineiras e alguma coisa no Rio de Janeiro) tendem a descartar sumariamente o desafio de fazer uma reflexão crítica mais aprofundada sobre o romancista.

Embora Verissimo viva uma situação parecida, no caso do autor gaúcho esse fenômeno é um pouco menos pronunciado. No entanto, mesmo assim, continua bastante válida a observação de Wilson Martins:

> Se, em geral, na história do modernismo, o espetáculo mais comum é o de escritores superestimados (mesmo pelo que teriam representado na eclosão ou na evolução do movimento), Erico Verissimo seria o exemplo único do escritor subestimado, à espera dos grandes ensaios críticos, das análises exaustivas e do "reconhecimento" do que efetivamente representa.[4]

De qualquer modo, recentemente isso vem mudando um pouco. Talvez pelo trabalho intenso do Instituto Estadual do Livro do Rio Grande do Sul, que se traduz em incentivo direto a uma permanente revisitação de sua obra pelas inúmeras universidades locais de excelente qualidade. Talvez pela data redonda de seu centenário neste ano de 2005, em que escrevo estas linhas. Talvez até porque Erico acabe se beneficiando de maneira indireta da imensa popularidade de seu filho Luis Fernando Verissimo, best-seller absoluto em todo o Brasil e igualmente um mestre da escrita.

Enquanto isso, em contrapartida, segundo hipótese que ouvi ser levantada mais de uma vez e que não deixa de ter certo fundamento, Jorge Amado estaria também sendo indiretamente prejudicado pela imagem negativa dos excessos de autopromoção daquilo que com frequência se considera em determinados círculos como um certo exagero da *baianidade* e dos preconceitos a ela ligados.

Essa má vontade de setores universitários sulistas teria sido acentuada sobretudo a partir das mais recentes ondas de invasão musical baiana, de tantos artistas talentosos e tantas bandas barulhentas por todo o Brasil, que acabaram gerando em certos segmentos do público uma sensação de saturação que se estende a outros campos culturais e é muitas vezes expressa em piadinhas preconceituosas do tipo "baiano não nasce, baiano estreia". Pode ser que se verifique esse fenômeno sobre o qual ouvi algumas alusões, não tenho como avaliar. O mais provável, porém, é que essa explicação esteja servindo de pretexto para justificar uma atitude preconceituosa sulista.

Aqui, não há como não fazer uma pausa para lembrar: no prefácio à edição de 1987 de *A bagaceira*, de José Américo de Almeida, Gilberto Freyre já apontava o "sectarismo" com que autores nordestinos em geral eram recebidos no Sul, em meios que gostariam de ver o modernismo paulista como único cânone literário do país, excluindo os outros ou deslocando-os sutilmente para uma certa minoridade periférica — para a faixa do regionalismo, do exotismo, do folclore ou da sensualidade grosseira.[5]

Volto a dizer que pode ser, não sei. É um fenômeno que, embora facilmente constatável, foge ao âmbito literário e seria mais bem analisado por um olhar fundado na sociologia, na antropologia ou na psicologia social. O que sei é que essa zona de sombra crítica acabou se constituindo num motivo a mais de atração para mim. Essa relativa condição de marginal diante dos círculos intelectuais me despertou curiosidade e me acendeu a vontade de tentar somar minha leitura aos esforços de quem vem tentando lançar sobre a obra amadiana pelo menos uma réstia de luz, algo da *Illuminatio* que a Universidade de Oxford pede ao Senhor em seu lema secular, reproduzido em seu escudo por toda parte dessa cidade de muros de pedra, amplos gramados, muito verde e torres que miram o céu, celebrando o saber humano.

Outro fator teve, ainda, um peso decisivo na minha escolha. Essas oportunidades de nos olharmos de fora, focalizando a nossa própria cultura de um ponto de vista externo e com outra perspectiva, muitas vezes podem se constituir numa boa chance para pensarmos sobre nós mesmos. Com mais distância e menos interferência local, o olhar ganha condições de discernir certos aspectos que antes, na imersão e na proximidade do referente, não se evidenciavam de forma tão clara.

Há alguns anos, dando um curso em Berkeley, aproveitei o estudo que estava fazendo com meus alunos para examinar determinados traços muito arraigados da cultura brasileira — como o patriarcalismo, o autoritarismo, a exclusão social, a desigualdade — e exemplos diversos de reação contra eles, a partir de como vêm sendo expressos em alguns belos textos de nossa literatura. Queria agora aproveitar a oportunidade para levar um tantinho mais adiante essas observações e aprofundar um pouco minha tentativa de análise, procurando estudar uma obra literária que, sem negar o peso de todos aqueles nossos atributos negativos já citados — que conhecemos e com que a todo momento nos defrontamos na ficção dos mais diferentes autores nacionais —, também destacasse um outro lado da moeda. Interessou-me examinar a produção de um autor capaz de trazer à representação ficcional da realidade brasileira nossas possíveis contribuições positivas a um mundo em crise: nosso interculturalismo, nossa miscigenação, nosso hibridismo cultural, nossa sociedade relacional. E nossa surpreendente resistência às adversidades, nossa atitude celebratória da existência apesar de tudo, nossa inacreditável (e nem sempre explicável) alegria de viver.

Ou seja, eu não comecei do zero, de uma visão virgem sobre a ficção que iria estudar. Parti de uma conjetura concreta, baseada na lembrança de todas as minhas leituras anteriores do romancista baiano e do papel quase legendário de que sua presença é popularmente investida em nossas letras. Essa premissa foi a hipótese de que a obra de Jorge Amado ajuda a lançar luz sobre alguns aspectos da identidade nacional que nem sempre, ou raras vezes, ficam em primeiro plano em nossa literatura. E, no entanto, eles também nos caracterizam.

Esse fator foi decisivo. Jorge Amado seria, pois, o escolhido.

Qual é o seu Amado?

Comecei a me preparar, lendo (ou, na maioria dos casos, relendo) toda a sua obra publicada, na ordem em que foi escrita. Entretanto, nada me preparara para a reação que fui encontrando em meus interlocutores quando, eventualmente, era levada a mencionar esse projeto. Durante quase um ano, quando eu contava a alguém o que estava fazendo e confessava estar ocupando meu tempo com um mergulho na obra de Jorge Amado, era quase certo que daí a pouco ouviria a pergunta: "E qual o livro dele que você prefere?".

Desde a primeira vez me ocorreu devolver a indagação a meu interlocutor.

Descobri, então, algumas coisas surpreendentes.

A primeira é que todo leitor — das mais variadas idades, regiões, classes sociais — tinha na ponta da língua um título para mencionar. Ninguém precisava pensar muito para responder. Cada um tinha o seu Amado, que saltava automaticamente. Múltiplos e variados. Em seguida, as justificativas podiam não ser sempre apaixonadas, mas nunca deixavam de ser emocionais. E por vezes vinham acompanhadas de veementes rejeições de outros títulos, como se fosse necessário torcer por um livro e combater outro, num mecanismo semelhante ao da exigência de fidelidade, no futebol, a um time do coração.

Observei também que essas adesões e torcidas não tinham nada a ver com as telenovelas ou os filmes feitos a partir da obra, ainda que muitas vezes o tema viesse à baila na discussão. Mas as preferências em geral eram anteriores às transposições audiovisuais dos livros.

Percebi que estava diante da sobrevivência de um fenômeno que julgava extinto entre nós: leitores muito diversos a debater sua variedade de leituras de maneira ampla e natural, com a empolgação afetiva de quem se envolveu com o livro. Com altas doses de emoção. Lembro de discutir Monteiro Lobato dessa maneira quando era criança, e, fã absoluta de *Reinações de Narizinho* e *Memórias de Emília*, me via às vezes discordando de primos e amigos que preferiam *Caçadas de Pedrinho* ou *Os doze trabalhos de Hércules*. E já vi gente discutindo com igual fervor suas preferências entre os diversos volumes de Proust ou os diferentes romances de Dickens ou Balzac, outros autores igualmente dotados de obra vasta, apaixonante e criadora de um universo próprio. Mas havia muito tempo que não encontrava nada semelhante entre nós.

Algumas escolhas foram totalmente inesperadas. A socialite que adora *Tereza Batista*. O sociólogo, militante de esquerda, que nem percebe que se derrama em distraídos elogios à grandeza épica e à coragem desbravadora dos coronéis do cacau de *Terras do sem-fim*, passando ao largo da visão ideológica negativa que deles tem na realidade. O executivo que se reencontra em *Tieta do Agreste*. O historiador que sucumbe à carga lírica de *Mar morto*.

Outras reações foram mais previsíveis, bem como várias rejeições. Mas o interessante mesmo foi constatar a existência de uma forte ligação emocional entre leitor e livro, aspecto que logo se impôs de modo irrecusável, superando a simples curiosidade de apenas tentar descobrir qual seria o título preferido, ou que fase da obra amadiana era mais valorizada.

Aliás, essa história de fases também deu pretexto para opiniões inflamadas, já que foi muito comum que meus interlocutores fizessem questão de dividir a obra de Jorge Amado em momentos diferentes, aderindo a um deles e fazendo restrições a outros. E com uma lacuna sintomática, à qual já me referi — a grande maioria dos intelectuais com quem conversei e que faz ressalvas fortes à obra do romancista não leu os títulos mais recentes (talvez os mais amplamente lidos entre não intelectuais), preferindo parar em algum momento do ciclo de livros com nome de mulher (*Gabriela, cravo e canela*, *Dona Flor e seus dois maridos*, *Tereza Batista cansada de guerra*, *Tieta do Agreste*).

Em linhas gerais, de qualquer forma, os leitores estão de acordo com a crítica em dividir a criação amadiana em dois momentos distintos. O primeiro cobre as décadas de 1930, 1940 e grande parte de 1950, coincidindo com a fase em que o escritor foi membro do Partido Comunista. O segundo se inaugura com *Gabriela, cravo e canela*, publicado em 1958, e assinala uma mudança de tom, indo dos livros com preocupação de denúncia social para os romances de costumes. Corresponde ao desencanto do autor com o stalinismo após tomar conhecimento de aspectos dessa realidade que até então lhe eram desconhecidos (invasão da Hungria, expurgos partidários, tortura de Artur London,[1] intransigência e autoritarismo da burocracia etc.).

De qualquer modo, o que me parece mais revelador não se limita a essa questão de preferências pessoais, mas tem a ver com a intensidade e a extensão com que o público leitor brasileiro se apropriou desse conjunto de obras e o fez parte de sua vida. Ou seja, a minha primeira descoberta ao me reaproximar do universo de Jorge Amado a esta altura foi a constatação de que ele ainda é muito conhecido dos leitores e não os deixa indiferentes.

Atenta a isso, fui refinando as observações entre os interlocutores de nível universitário, já que eu estava interessada em entender essa certa ausência de reconhecimento da crítica acadêmica a Jorge Amado, essa espécie de esnobismo intelectual que torce o nariz ao que às vezes rotula de "nível literário" do autor. Algo que por vezes se manifesta em coisas pequenas, mas bastante sintomáticas. Como, por exemplo, a existência de um livro que se chama *Os pobres na literatura brasileira*, que reúne críticos universitários da maior respeitabilidade, a fina flor de nossa reflexão literária acadêmica, com 35 ensaios inteligentes sobre os mais diversos autores, porém simplesmente ignorando Jorge Amado.[2] Ou um estudo crítico sobre a escrita e os excluídos, que menciona os nomes de mais de trinta autores nacionais que trataram desse universo em suas obras mas nem cita o baiano.[3] Como se ele tivesse ignorado os pobres e excluídos em sua obra ou se, ainda que escrevesse sobre eles, sua escrita não pudesse ser considerada parte de nossa literatura ou, por falta de qualidades, nela não ocupasse um lugar significativo (hipótese mais provável para justificar a omissão, do ponto de vista da premissa intelectual dos críticos).

Uma reação frequente que encontrei era formada por variantes do que passei a chamar, para mim mesma, de constatação condescendente: "É, pode mesmo ser interessante você trabalhar sobre ele. Afinal, é um autor que fez muito sucesso lá fora, é muito conhecido".

Nesses casos, de certo modo, o enunciador do conceito se manifesta como alguém que não pode negar o lugar que Amado ocupa em nossas letras e, obrigado a reconhecer isso, diz que se trata mesmo de um autor "para inglês ver", que os gringos devem gostar de seu lado pitoresco, exótico, turístico, comercial. Ou como se afirmasse que alguém que faz tanto sucesso popular, por definição, não pudesse ser mesmo muito bom. Variante daquela outra atitude tão conhecida nossa, que garante que o povo não sabe votar. Tão superficial e equivocada quanto seu oposto, também frequente: a opinião que garante que tudo que vende muito é necessariamente bom, o sucesso de vendas é forçosamente indicador de qualidade e de que "alguma coisa ele tem", e aquele que não concordar com isso só pode mesmo é estar com inveja.

De qualquer forma, essas diferentes reações que levam à atitude de torcer o nariz para a obra de Jorge Amado eram tão comuns, em tantos interlocutores, e prevaleciam de maneira tão forte (sempre no meio universitário, sobretudo entre os professores, sobretudo de letras, nunca é demais lembrar), exigindo cumplicidade universal, que eu comecei até a sentir certa dificuldade para buscar isenção em uma (re)leitura da obra. Será que todo mundo estava certo e eu totalmente errada? Estaria insistindo de teimosa ou vivendo um caso de mania de originalidade? Ou sendo forçada a me calar por uma espécie de patrulhamento intelectual, e seria mais um exemplo das chamadas maiorias silenciosas, que ocasionalmente, em campanhas eleitorais, não se manifestam diante do alarido midiático e depois surpreendem nas urnas?

Na maioria das vezes, o professor ou crítico com quem eu falava nem ao menos podia imaginar que eu não estivesse concordando integralmente com ele. E eu me via quase tendo de pedir desculpas e me defender por estar tentando me aproximar dos romances e novelas amadianos com certa neutralidade, sem essa postura de condenação prévia e execração ruidosa de um autor legível demais. Como outros nessas condições, mais um alvo preferencial dos apedrejamentos bem pensantes.

No entanto, nessa busca de isenção, creio que podemos nos amparar em algumas reflexões embebidas de uma série de conceitos vizinhos da estética da recepção — justamente uma área capaz de propiciar leituras fecundas, e à qual nossos teóricos andaram dedicando um bocado de atenção há uns poucos anos.

Por um lado, em termos individuais, convém recordar que cada texto estabelece seu próprio pacto com o leitor. Assim, não há que se procurar em um livro aquilo que ele não promete dar, o projeto que ele não traz implícito em sua própria construção e tessitura. Um texto de Clarice Lispector não está acenando com a possibilidade de empolgar o leitor com as emocionantes peripécias e reviravoltas do enredo, contadas com uma grandiloquência tonitruante, da mesma forma que uma página de Guimarães Rosa não se propõe estar antenada com a linguagem da modernidade urbana, um poema de João Cabral não pretende apresentar líricas variações de ourivesaria ou explorações da sonoridade verbal, ou uma peça de Nelson Rodrigues não se quer um modelo de medida e concisão.

Um bom leitor é aquele que sabe perceber e captar no bojo de cada texto as coordenadas desse pacto não explicitado. Um bom crítico, em minha modesta opinião, não é aquele que examina a obra do alto de sua cadeira de juiz, de onde julga e emite valores de acordo com seus próprios modelos ou critérios prévios, mas aquele que sabe ouvir o texto e descobrir em que medida ele é ou não coerente com suas próprias propostas latentes. Pode também ser aquele que, sensível à palavra do outro, consegue detectar qual a densidade e multivocidade dessas sugestões embrionárias, e consegue iluminar aspectos que ficariam ocultos na sombra, não fosse sua leitura fecunda e reveladora.

Por outro lado, de uma forma mais coletiva, não há como ignorar que a popularidade de Jorge Amado não se configurou só como um fenômeno fugaz, motivado por fatores exógenos — ainda que seja inevitável reconhecer que houve muitos desses fatores em ação, em seu caso. Mas não se tratou de um sucesso passageiro, apenas da época em que seus livros tiveram o reforço nacional e internacional da (nada desprezível) máquina de promoção do Partido Comunista para traduzi-los e elogiá-los, ou em que o autor pôde se beneficiar da amizade com os grandes nomes de que o exílio o aproximou, de Picasso a Neruda — para só ficarmos nos Pablos. Nem foi tampouco o caso de uma fama momentânea em seguida, exclusivamente filha dos tempos em que esse êxito poderia ter sido sublinhado pelas forças contrárias a sua escolha anterior, interessadas em valorizar seu abandono do partido. Também não se restringiu ao apogeu midiático da baianidade, como querem alguns, nem se resumiu à fase madura do autor, o tempo de sua transformação em celebridade (como ensinaram Daniel Boorstin e Edgar Morin, alguém que vai ficando cada vez mais famoso pelo simples fato de ser famoso), quando seus livros foram comprados por Hollywood e pelo cinema francês para adaptação ou transformados em novelas de televisão e filmes dos mais significativos cineastas brasileiros, ou quando sua casa virou atração turística, com ônibus cheios de visitantes parando à sua porta e guias discorrendo sobre o ilustre morador.[4]

Assim, da mesma forma que não se justifica acreditar que um autor tem valor apenas porque está fazendo sucesso, também não é correto rejeitá-lo de saída apenas porque tem êxito. No caso de Jorge Amado, como sabemos todos, há ainda outra dupla armadilha a evitar: a dos que detestavam sua obra porque ele tinha entrado para o Partido Comunista e a dos que passaram a desprezá-la porque ele saiu do partido. Nos dois casos, por razões exteriores ao que nela estava escrito.

O que importa é examinar como ele construiu essa obra, ao longo desse tempo e nesses diferentes momentos.

Ao se discutir a popularidade de Jorge Amado, é preciso levar em conta, antes de mais nada, um fato indiscutível: ela se apoia numa extraordinária empatia com o público brasileiro, que lê sua obra há 75 anos, em números impressionantes. Seu papel na formação do leitor nacional, ao lado de Erico Verissimo, só pode ser comparado ao desempenhado pelo já citado Monteiro Lobato. Ou, no caso da poesia, ao extraordinário percurso de Vinicius de Moraes, capaz de depurar sua angústia metafísica em uma linguagem ao alcance do homem comum, bem como de construir sólidas pontes entre o erudito e o popular, entre a tradição letrada europeia e as construções iletradas de matrizes mestiças, no decorrer de uma trajetória em que sua adoção pelo brasileiro das ruas e sua incorporação pelo imaginário coletivo nacional foram se fazendo com a naturalidade de quem respira e a despretensão de quem não está fazendo jogadas marqueteiras. Mas, ao mesmo tempo, com inegável consistência e uma firmeza irresistível.

Já é hora de observar com mais atenção esse fenômeno. Lançar uma lente sobre Monteiro Lobato, Erico Verissimo, Jorge Amado, Vinicius de Moraes[5] e, em certa medida, alguns dos nossos grandes cronistas, como Rubem Braga e Fernando Sabino. Cada um a seu modo foi (e é) muitas vezes qualificado de menor por muitos dos autoconsiderados maiorais — seja nas páginas da imprensa ou nas salas de aula. Mas, ao mesmo tempo, cada um desses autores passa ao largo de seus críticos e segue em frente, sendo lido, Brasil adentro e tempos afora, com um lugar nítido e inalienável na relação do nosso leitor com nossa literatura.

Não há como não reconhecer o papel que a popularidade desses bons escritores desempenhou na formação do público leitor brasileiro, num tempo em que a nossa literatura infantil ainda não tinha vivido a explosão de autores de qualidade dos anos 1970 e não havia se esgueirado para dentro do sistema escolar. Uma época em que os assustadores índices de escolarização nacional ainda não tinham começado a regredir como o fizeram nas décadas de 1980 e 1990. Um tempo, também, em que o uso midiático das poderosas máquinas de publicidade e marketing de um mercado editorial profissionalizado e eficiente ainda não conseguia vender gato por lebre.

Foram esses autores, ao lado de outros fenômenos de popularidade hoje quase esquecidos, como Paulo Setúbal e José Mauro de Vasconcelos, que ajudaram a levar livros brasileiros para as mãos de nossos leitores, por todo o país.[6] Em nome do muito que lhes devemos, valeria a pena, ao menos, que sua memória fosse respeitada e seus nomes, lembrados com carinho e reconhecimento.

Atingir e manter tal popularidade numa sociedade predominantemente analfabeta não é pouca coisa. Nem algo que se consiga (e se sustente por tanto tempo) apenas pelo apoio de fatores externos, estejam ou não situados na esfera da disciplina ideológica, promoção pessoal ou apelação comercial. Por mais ambicioso que pudesse ser semelhante programa de conquista de público, e por mais que se amparasse em eficientíssimas técnicas de conquista de mercado, ele jamais encontraria uma receptividade com essas dimensões e duração se não tivesse algo por dentro a sustentá-lo — a própria obra.

Leitores atentos e sensíveis já frisaram a importância de um feito desse tipo.

Antonio Candido reconheceu a essencialidade desse papel para a constituição de uma literatura nacional. E Julio Cortázar, citado por Eduardo Portella justamente a respeito de Jorge Amado, lembra que "esses escritores lidos apaixonadamente por um número crescente de leitores nos habilitam a viver e compreender a dinâmica da nossa identidade".[7]

Essa importância é inegável, mesmo que esse alargamento do imaginário possa ser contraditório e correr o risco de se prender a cacoetes ideológicos, que escondem mais do que revelam, como ressalva Portella.

Parece-me, no entanto, que não há como escapar a um desafio que a própria honestidade intelectual nos impõe. É hora de chegar mais perto e procurar olhar com isenção, buscando entender a fortuna e os infortúnios desse autor, já chamado no exterior de "*el más leído, el más odiado*"[8] entre todos os nomes de nossa literatura. A constatação da popularidade amadiana e sua persistência sugerem que se examine com mais consideração e vagar esse encontro entre obra e leitor, em busca de uma compreensão mais nítida da trajetória do autor.

Má fortuna, amor ardente

Em seu estudo sobre a recepção comparada da obra de Jorge Amado na França e no Brasil,[1] o professor francês Pierre Rivas começa fazendo uma distinção muito pertinente entre sucesso e fortuna crítica. Aquele tem a ver com a popularidade. Esta, com a aceitação da obra pelo cânone literário.

Lembra Rivas que, na tradição da modernidade, sucesso e fortuna costumam ser inversamente proporcionais, e isso pode ser exemplificado na França pelos casos de Victor Hugo e Émile Zola, vítimas de sua própria popularidade em comparação a outros autores canônicos como André Gide ou Marcel Proust, que levaram muito tempo sem fazer nenhum sucesso. Para ele, essa "é uma das razões dos infortúnios de Jorge Amado no Brasil". E, se pode parecer que exagera quando usa a palavra "infortúnios" para jogar com o termo "fortuna crítica", sem dúvida Pierre Rivas mantém sua contundência ao pôr o dedo na ferida e apontar claramente "o ressentimento de um certo Brasil face ao sucesso desses dois escritores (Jorge Amado e Erico Verissimo) regionalistas em seu país".

Sobretudo diante do fato de que "textos mais vanguardistas (o modernismo paulista) não alcançavam qualquer êxito".

Na França e em outros países, a recepção a Jorge Amado foi diferente. É verdade que partiu dos caminhos abertos pela ampla difusão obtida nas revistas e jornais partidários, pelos inúmeros prêmios e manifestações patrocinados pelo eficaz sistema de intervenção cultural da Internacional Comunista. E é também inevitável constatar que muitas vezes seus primeiros romances pagavam um tributo dócil aos modelos stalinistas do realismo socialista, com suas greves salvadoras, seus discursos tecidos de clichês e chavões proselitistas, suas esperanças de milagres vindos de intelectuais esclarecidos e membros do partido, seu populismo rasteiro, tão vizinho ao regionalismo "proletário" e exótico da época. Não admira que André Gide tenha sumariamente rejeitado essa obra, que lhe parecia superficial e linear.

Mas outros leitores em língua francesa enxergaram um pouco mais longe. Blaise Cendrars celebra nela a alteridade da periferia e Albert Camus a valoriza, opondo o que denomina uma "certa barbárie livremente consentida" aos jogos formais que dominavam parte da cena literária francesa na ocasião, na obra de autores como Giraudoux e outros. Mais que isso, a obra de Amado lhe parece fecunda, e Camus faz questão de destacar nela algumas qualidades que o impressionam: "A utilização emocionante de temas folhetinescos, o abandono à vida no que ela apresenta de excessivo e desmesurado".[2]

"Barbárie", "liberdade", "emoção", "folhetim", "vida", "excessos", "desmedida". A escolha das palavras é significativa. Em tão poucas linhas, Albert Camus tocou em vários pontos que sua leitura lhe revelou. Leitura inteligente e sensível, pois apenas nas décadas mais recentes é que tais pontos iriam ser reavaliados e resgatados, muito embora na ocasião e ainda durante um bom tempo fossem justamente esses os aspectos a que a intelectualidade mais levantava objeções.

Foi necessário que transcorresse um bom tempo para que outros olhares, mais amadurecidos e isentos, lançassem novas luzes sobre vários desses aspectos.

É o caso de abordagens críticas como a de Affonso Romano de Sant'Anna,[3] por exemplo, que desenvolveu as propostas de Bakhtin e o conceito de carnavalização com que o russo examinara as obras de Dostoiévski e Rabelais, e trouxe uma contribuição sensível e profunda ao entendimento dos romances do baiano. Muito enriquecedores, também, são os estudos de José Maurício Gomes de Almeida, capaz de criticar de forma aguda as limitações trazidas pelo proselitismo ideológico do autor mas, ao mesmo tempo, revelar-lhe as qualidades que não podem ser julgadas apenas pelo apriorismo realista de certa crítica.[4] Igualmente iluminadoras são as análises de Eduardo de Assis Duarte, sobretudo quando evidenciam como a segunda fase amadiana, em sua passagem do romance que se queria proletário para o romance que se deseja de costumes, começa a se debruçar cada vez mais, e de forma mais consequente, sobre as questões de gênero e etnia que irão constituir grande parte da agenda intelectual do final do século XX.[5]

Ou ainda, numa leitura paralela, que vai além do olhar apenas literário em prol de uma visão antropológica, também é o caso dos sucessivos ensaios que Roberto DaMatta dedicou ao caráter relacional da obra de Jorge Amado, quando considera o escritor como alguém que descobriu em seus romances "um modo de poder enfrentar os temas não oficiais da sociedade brasileira", neles representando as teias de relações pessoais que, entre nós, constituem o instrumento básico da vida em sociedade.[6]

Esses estudos, porém, são relativamente recentes e de circulação algo restrita a setores especializados. De modo geral, prevaleceu por muito tempo nos meios de crítica literária a outra visão. E talvez a própria acolhida entusiasmada que sua obra obteve na França tenha reforçado a ideia de que Jorge Amado escrevia para dar uma imagem pitoresca, colorida, exótica, ao gosto de quem não conhece de fato o Brasil. Mais que isso, uma imagem atrasada, antiga e fora de época, já que era exatamente esse tipo de cor local que, um século antes, se exigira dos nossos românticos e indianistas, como Alencar.

Desde que Machado de Assis, porém, começou a questionar a definição de tais fatores como marcas distintivas e essenciais de nossa identidade nacional expressa pela literatura (embora a crítica de seus contemporâneos nem sempre tenha compreendido o que Machado queria dizer, ao deslocar esse *instinto de nacionalidade* para um certo espírito nacional e a própria linguagem),[7] o fato é que foi se tornando cada vez mais evidente que o pitoresco começava a ficar ultrapassado. Portanto, se Jorge Amado tivesse mesmo se limitado a mostrar um Brasil superficialmente colorido e alegrinho, como folheto de atrair turista, sem dúvida alguma estaria em completo descompasso com seu tempo e não teria muita originalidade. Nesse caso seria apenas uma sucessão de clichês, estereótipos e lugares-comuns — nada que merecesse maior atenção. E teriam toda a razão os que cobrassem de sua obra uma profundidade maior, mais atenção à linguagem e uma marca inovadora.

Essa superficialidade na visão de sua obra foi ainda reforçada pela má vontade de muitos dos departamentos de português das universidades estrangeiras, tradicionalmente ligados às instituições culturais lusitanas, quando não quase feudos portugueses. Ainda mais se considerarmos que muitas dessas raízes profundas se fixaram durante o longo período salazarista. Sem dúvida, a entusiasmada aceitação desse novo autor brasileiro, comunista e de linguagem desleixada em relação ao cânone purista, trazia alguns aspectos difíceis de engolir.

Para se ter uma ideia da revolução simbólica representada pela chegada da obra do romancista baiano à França, por exemplo, basta recordar um fato. Por ocasião da primeira tradução de Jorge Amado para o francês, a folha de rosto do livro exibia algo jamais visto antes: a informação de que se tratava de uma tradução direta do brasileiro. Isso causou escândalo nos meios acadêmicos portugueses, conforme registra Pierre Rivas. Como assim? A língua portuguesa mudou de nome? Quem esse escritor pensa que é? E logo, puxando lentes poderosas para examinar o texto amadiano, o escândalo se transforma em inequívoca má vontade dos meios acadêmicos em relação a Jorge Amado. Começam então as objeções a sua escrita pouco ortodoxa, multiplicam-se as menções a sua sintaxe duvidosa, seus pronomes colocados de forma tão rebelde, sua frouxidão linguística (seja isso lá o que for), seu descaso para com os padrões castiços da gramaticalidade. Para esses meios, tratava-se de uma linguagem descuidada, indigna de alguém que pretendia ser escritor. Travestidas de defesa do idioma, essas objeções críticas cresceram e se repetiram em sucessivos reparos feitos por variados e zelosos guardiães da gramática, de ambos os lados do Atlântico.

No entanto, não deixa de ser interessante observar que essa mesma atitude pouco canônica em relação à língua era celebrada em outros autores como uma plataforma literária, desejável e corajosa. "Vinha da boca do povo na língua errada do povo/ Língua certa do povo", de que falava Manuel Bandeira.[8] "Pronomes? Escrevo brasileiro" — gabava-se Mário de Andrade.[9] A tal "contribuição milionária de todos os erros", de Oswald de Andrade, que seria transformada em estandarte de luta pela vanguarda.[10]

Os exemplos são inúmeros, variados, claros. A questão já tinha sido ponto de honra, anseio por liberdade linguística em relação a gramatiquices lusitanas, bandeira de afirmação para Mário de Andrade ou para Monteiro Lobato. Mas, nas páginas de Jorge Amado, essa teoria tão elogiada nos escritos de outros autores é considerada uma prática constrangedora. Não vinha apenas de uma proposição cerebral, mas brotava do ouvido e de uma memória afetiva. A práxis incomodava. O registro oralizante do falar brasileiro coloquial soava como uma provocação a mais, vindo se somar ao uso de palavrões e a tantas outras ousadias, para apresentar Jorge Amado como um autor que não deveria merecer muito respeito, pois beirava a vulgaridade em sua insistência em dar foros de legitimidade a um linguajar chulo.

Por todos esses fatores, seria conveniente examinar mais de perto esses conceitos de vulgar, popular ou de massa. São fundamentais para que se mergulhe no âmago amadiano. Afinal, o próprio autor definira sua obra e a de Erico Verissimo como "romance de massa", naquele trecho que há pouco citamos.

Os sentidos do popular

Por volta do início da década de 1930, a literatura norte-americana estava descobrindo que se desenvolvia numa sociedade de massas e começava a vislumbrar as oportunidades que tal fenômeno lhe abria.

Enquanto isso, no Brasil, uma geração de ficcionistas também se voltava para os problemas sociais de sua região e sua gente. ROMANCE AO NORTE!, anunciou a crítica. SÃO OS DO NORTE QUE VÊM! Ficaram famosas essas exclamações, saudando a chegada de José Américo de Almeida, Rachel de Queiroz, Jorge Amado, José Lins do Rego, Graciliano Ramos e do que se costumou chamar de romance regionalista em geral. E ainda teriam que se fazer elásticas em seguida para acomodar outros autores — como o gaúcho Erico Verissimo.

Esses dois movimentos, na América do Norte e na do Sul, eram totalmente autônomos. A rigor, deveriam ser tratados como simples coincidência. Mas em tempos de anseios de internacionalismo político e de preocupações com as questões econômicas e sociais, que passavam então a ser vistas como aspectos da condição humana em geral, além e acima de fronteiras, ocorreu que alguns dos autores daqui logo perceberam algumas afinidades com os de lá. Entre eles Jorge Amado, que, em entrevista a Alice Raillard, confessou e recordou a forte impressão que lhe deixaram os romances de autores como John Dos Passos, lidos na ocasião.[1]

A expressão "romance de massa", que Amado usa mais de uma vez, não se referia ao que hoje englobamos pelo termo "cultura de massa", um fenômeno muito posterior. Mas tinha a ver com a noção marxista de massa, e com a vontade de discutir problemas sociais a que uma mesma classe estava sujeita em diferentes contextos nacionais. Mais que isso, também implicava o desejo de escrever para muita gente.

O propósito era fugir de qualquer coisa que, mesmo de longe, pudesse cheirar a elitismo. O ideal era atingir muito mais do que apenas aquele punhadinho de "*happy few*" de que falava Stendhal.[2] Para conseguir chegar a esse objetivo, por certo seriam necessárias estratégias bem diferentes daquelas que a tradição literária vinha empregando. Evidentemente, para isso se fazia urgente estabelecer um pacto diverso com seus leitores.

Um caminho possível e tentador, talvez o mais óbvio, era o populismo literário — certo barateamento da linguagem e das situações narrativas, de modo a poder ampliar o público por meio de um nivelamento por baixo, atendendo quem não seria considerado capaz de entender eventuais recursos mais complexos que porventura viessem a ser utilizados pelos escritores.

Com frequência se fala no popularesco para designar essa vertente. Prefiro chamar esse caminho de populismo, empregando um termo normalmente usado na esfera política, porque acho que nessa atitude, em geral, existe mesmo esse claro curto-circuito entre política e criação cultural. O termo ajuda a chamar a atenção para ele, sem disfarces. Em minha opinião, é um equívoco nascido de uma visão acentuadamente paternalista por parte do sujeito do discurso, que se entende como um guia dos menos favorecidos e vê o destinatário dominado por uma espécie de deficiência cultural — até mesmo por falta de bagagem, em sua condição de vítima social — que o incapacitaria ao esforço intelectual necessário à decodificação de estruturas mais sofisticadas ou sentidos mais matizados.

Trata-se de uma distorção comum e persistente, de ocorrência muito corriqueira até hoje, tanto em um jornalismo que se pretende ensaísta apenas por estar publicado em livro quanto na pretensa literatura infantil, por exemplo, em que se confunde com certo didatismo moralista e não consegue levantar voo. Sua presença pode ser detectada também, de forma mais evidente, na literatura que quer atingir a popularidade pelo popularesco, por meio de um esforço para alcançar os grandes números das camadas mais populares da sociedade. Tudo muito repetitivo.

O resultado é o mesmo da oratória vazia dos políticos demagogos: um discurso estereotipado, carregado de clichês, com alta dose de redundância e pouca originalidade, sem se deter em sutilezas de raciocínio, fugindo de qualquer ambiguidade e caminhando para a repetição de slogans e palavras de ordem de forte apelo emocional. Nem ao menos pretende convencer intelectualmente, mas se limita a guiar e apontar o caminho a ser seguido. Sempre um só, claro, definido, sem espaço para dúvidas, divergências ou hesitações.

Como durante vários anos Jorge Amado foi um disciplinado membro do Partido Comunista, numa ocasião em que as pressões sobre seus artistas eram muito fortes, é inegável que várias vezes essa tentação o rondava nesse período. Assim, nessa época, volta e meia sua obra sucumbiu aos males da estética partidária — como pode constatar, constrangido, até mesmo o mais amoroso e benevolente leitor.

Isso não ocorre apenas em livros marcadamente a serviço do

proselitismo partidário declarado, como *O Cavaleiro da Esperança* ou *Os subterrâneos da liberdade*. Mesmo em belos romances como *Jubiabá*, *Mar morto* ou *Capitães da areia*, ou ainda *São Jorge dos Ilhéus* e *Seara vermelha*, fica impossível evitar um certo desconforto na leitura quando nos deparamos com as eternas situações de greves redentoras ou de milagres salvadores por meio da chegada iluminada de um membro do partido.

Para os ouvidos mais sensíveis, principalmente, incomodam as frases feitas cheias de palavras de ordem, o jargão oco e artificial vestindo obviedades, os chavões da retórica de comício.

Não é de admirar que a crítica tenha feito restrições e tratado de diminuir o oba-oba levantado em torno a uma popularidade obtida com o apelo a esses recursos. Ressalvas eram mesmo necessárias. Somem-se a esse populismo literário, nessa fase, certa previsibilidade de situações melodramáticas e a preferência por personagens que se resumem a tipos rasteiros, sem maior densidade psicológica, e não será difícil compreender o registro da criação amadiana que faz, por exemplo, Alfredo Bosi em sua *História concisa da literatura brasileira*.[3]

No entanto, mesmo aí, nesses livros e nesse momento, já era possível perceber que existia algo mais. Na obra daquele menino que antes dos vinte anos começava a publicar seus romances, havia desde o início um ouvido atento e um olhar agudo, ao lado da solidariedade, sensível à dor do outro. Esses personagens que ele nos traz falam e se comportam igualzinho a nossa gente comum, como ninguém ainda tinha falado e se comportado em nossos romances.

Todas aquelas teorias intelectuais sobre a busca de um falar brasileiro, que vinham sendo discutidas e recomendadas pelos modernistas, de repente, nas páginas de Jorge Amado, deixaram de ser apenas especulações teóricas ou bizarrices bem-intencionadas. O autor não observa o povo brasileiro de longe e de cima, cheio de interesse, anotando com cuidado para depois registrar ou reinventar essa linguagem em seu texto. Pelo contrário, o campo onde ele se situa é o mesmo de seus personagens. Ele está no meio de sua gente, no mesmo plano que ela. Basta-lhe olhar em volta. Cola em suas criaturas e as revela de dentro. Não por sua psicologia, mas por sua linguagem.

Mesmo nos primeiros livros, meros cadernos de "aprendiz de romancista", como ele mesmo reconhecia, quando a estrutura narrativa ainda era rudimentar, os personagens eram superficiais, as situações eram bisonhas, é inegável que esse aprendiz estava imerso em sua gente e sabia escrever de ouvido. O romancista ainda estava aprendendo — e, não obstante sua extrema precocidade, tinha perfeita consciência disso. Mas já sabia trazer para seus livros o falar brasileiro. E o fazia com tanta naturalidade que parecia mesmo um fato da natureza e não da cultura. Talvez por isso essa revolução tenha passado despercebida de grande parte dos olhares críticos.

Provavelmente, tal feito ajuda a explicar a profunda empatia que ele logo estabelece com seu público, a cumplicidade que se tece de imediato entre autor, personagem e leitor. É uma façanha pioneira da linguagem, como poucos tinham conseguido antes. Com essa intensidade, talvez apenas Lobato.

Mas esse fenômeno também pode ser mais bem entendido se levarmos em conta o outro caminho que Jorge Amado escolheu para fazer seu romance de massa: o da cultura popular.

A língua portuguesa não distingue com dois adjetivos diferentes a produção cultural popular do consumo cultural popular. Em inglês, por exemplo, com a possibilidade de opção semântica no recurso ao "folk" ou ao "popular", fica mais simples discernir de imediato conceitos como *folklore* ou *pop art*. Jamais ocorreria a algum anglófono confundi-los. Em português, no entanto, o emprego do mesmo vocábulo deixa essas realidades tão diversas numa mesma zona de penumbra. Lembrar, porém, que existem esses dois polos significativos distintos no termo "popular" em nossa língua pode nos ajudar a perceber como a ênfase amadiana estava muito mais numa tradição de criação popular do que de consumo maciço a ser atingido por meio de estratégias mercadológicas.

Neste ponto, me parece justo recorrer ao mesmo Alfredo Bosi para lembrar sua fecunda observação de que apenas a cultura criadora consegue fazer essa fusão amorosa entre o erudito e o popular.[4] O autor baiano é um dos grandes exemplos desse fenômeno em nossa literatura, ao lado dos já citados Erico Verissimo, Monteiro Lobato e Vinicius de Moraes e de autores como Guimarães Rosa e Manuel Bandeira, cada um em seu caminho.

O adjetivo "amoroso" aplica-se integralmente à relação que Jorge Amado mantém com esse manancial onde vai buscar a força de sua inventiva ficcional. É sempre com emoção e respeito que ele se aproxima da fonte dessa criação popular e a traz para dentro de si antes de transformá-la em matéria literária. Nunca o faz superficialmente, apenas em busca de cor local, nem com o sentido do pitoresco ou do folclórico — e eventuais acusações desse teor apenas evidenciam a má-fé de quem fala ou o desconhecimento da realidade. Sua vivência estava colada nesse universo que trouxe para sua obra. Diferentes episódios de sua vida só confirmam e atestam essa coerência. Ninguém se surpreende quando descobre que foi dele, como deputado constituinte, o projeto que estabeleceu a liberdade de culto na Constituição de 1946 e garantiu o fim da perseguição às manifestações religiosas afro-brasileiras. Nem se espanta quando sabe que na hora da morte de Mãe Senhora, uma das maiores mães de santo da Bahia, foi o romancista a primeira pessoa a ser chamada para tomar as providências rituais, indispensáveis na emergência, por ser obá importante, ou seja, ter uma função respeitada na hierarquia religiosa do terreiro.

Para Jorge Amado, o convívio com a cultura popular era parte integral da existência cotidiana. Nunca se afastou dela. A essa tradição o autor permaneceu fiel durante toda a vida, a ponto de, em seu balanço biográfico, fazer questão de evocar lado a lado o privilégio que foi conviver com Picasso e Camafeu de Oxóssi, Sartre e Mestre Pastinha. Ou de afirmar, com naturalidade: "Essas coisas eu as trago dentro de mim, não as obtive, não as comprei em nenhum mercado de sentimentos ou de conhecimentos, são minhas de direito e de algumas eu sei mesmo antes de tê-las visto, eu as trago dentro de mim".[5]

É esse um privilégio raro, dado a poucos autores, sobretudo se cosmopolitas como ele, que tiveram em sua ilustre biografia a experiência de viver na Europa num círculo tão famoso de seus contemporâneos internacionais ou de ter tantas obras traduzidas e adaptadas. Um privilégio que exige uma contrapartida difícil, nascida da responsabilidade de amorosamente cuidar de manter vivas as próprias raízes. Ao mesmo tempo, é um atestado da força dessa cultura popular, capaz de se transfigurar e irrigar de modo tão fecundo e diverso obras tão diferentes de homens tão distintos entre si como são Jorge Amado e Guimarães Rosa, por exemplo. Diferenças que vão muito além da linguagem e da proposta literária de cada um, e partem de suas próprias personalidades.

Aliás, pode ser interessante recordar aqui neste momento como o próprio Rosa, o da eterna travessia e do balancê permanente das coisas, constatou essa diferença, ao se referir ao otimismo estável que caracterizava o maniqueísmo simplista dos primeiros romances de Jorge Amado: "É uma criança que acredita sempre no bem e na vitória dos bons sobre os maus".[6]

Talvez, no fundo, essa fé amadiana na possibilidade de realizar a utopia seja também um traço que o aproxima de outros romancistas populares — como o Victor Hugo de *Os miseráveis*, por exemplo. Dados os devidos descontos das circunstâncias históricas de cada um, é evidente, e levando em conta as diferenças entre romantismo e stalinismo. Mas, de certa forma, também em Amado se poderia ver aquilo que Lamartine criticou em Hugo: "a paixão do impossível". Aquilo que Vargas Llosa prefere chamar de "a tentação do impossível"[7] e a que voltaremos adiante, mas que quis lembrar agora, no momento em que abordamos o tema do popular, porque tudo parece indicar, nessa própria família de gêneros narrativos, uma certa constância da fé na vitória dos bons sobre os maus. Isso nos ajudaria a enquadrar tais críticas numa moldura que investiga a obra dentro dos limites de seu gênero e do pacto estabelecido com o leitor.

Examinando as raízes populares da ficção de Jorge Amado, podemos constatar a presença recorrente de elementos oriundos de vários repertórios vizinhos, ainda que não sinônimos e nem sempre coincidentes: a literatura de cordel, o folhetim, o romance popular. A eles se soma uma imediata percepção das possibilidades da imagem nessa sociedade que se modernizava, fazendo com que o romancista se abra, acolhedor, e se deixe contaminar por técnicas que valorizam os elementos visuais.

Por um lado, desde muito cedo o autor insiste que seus romances sejam ilustrados e trabalha em parceria próxima com os desenhistas e gravadores que chama para acompanhá-lo. Por outro, rapidamente intui o potencial hipnotizante e irresistível do prazer narrativo que o público descobria nos seriados que então se exibiam no Cinema Olympia e, mais tarde, nas telenovelas. Aliás, em *Suor*, um trecho é bastante revelador a esse respeito: "A imaginação dos trabalhadores, especialmente a dos negros, aceitava sem reclamar, sem analisar, as aventuras loucas, as fugas do real do filme em série".

As possibilidades latentes que pulsavam nessa adesão imaginativa o atraem imediatamente e lhe permitem desenvolver desde logo uma proximidade com a linguagem cinematográfica que, muitas vezes, os escritores brasileiros tardarão bem mais em encontrar. Tal procedimento, com certeza, constitui também um dos rasgos de sua popularidade, aí já avançando no tempo e prenunciando a cultura de massa no sentido que o termo terá na segunda metade do século XX, completando com o pop aquilo que, de início, brotava puramente do folk. É sintomático que Glauber Rocha, em um artigo sobre *Gabriela, cravo e canela* publicado em 1960, faça questão de destacar que a obra de Jorge Amado é "antidiscursiva, pois apresenta largos painéis cinematográficos, desenhando um cenário particular de cada um de seus personagens".[8]

Entre as matrizes populares da criação amadiana, a literatura de cordel é uma fonte evidente. Disseminada por todo o Nordeste, nas feiras do sertão ou das cidades, muitas vezes fruto de criação coletiva, a obra elaborada e transmitida por violeiros e cantadores constituiu um elemento natural da formação de Jorge Amado. São inúmeros e variados os exemplos de seu uso direto, no corpo mesmo de diferentes narrativas — e não apenas no próprio *ABC de Castro Alves*, ou em *Terras do sem-fim*, os casos mais evidentes dessa intimidade. Os próprios títulos de vários capítulos de seus romances muitas vezes ecoam práticas corriqueiras da literatura de cordel, em seu formato, seu comprimento, sua enunciação de quem promete novidades e emoções para atrair o usuário. Ou fazem lembrar os cartazes que na porta dos cinemas populares anunciavam os episódios seguintes dos seriados. Como os capítulos dos folhetins, aliás. Bastam dois exemplos:

> Aventuras e desventuras de um bom brasileiro (nascido na Síria) na cidade de Ilhéus, em 1925, quando florescia o cacau e imperava o progresso — com amores, assassinatos, banquetes, presépios, histórias variadas para todos os gostos. Um remoto passado glorioso de nobres soberbos e salafrários, um recente passado de fazendeiros ricos e afamados jagunços, com solidão e suspiros, desejo, vingan-

ça, ódio, com chuvas e sol e com luar, leis inflexíveis, manobras políticas, o apaixonante caso da barra, com prestidigitador, dançarina, milagre e outras mágicas ou "Um brasileiro das Arábias".

E depois de *Gabriela*, mais um:

Primeiro episódio

Morte e ressurreição de Tieta ou a filha pródiga

Contendo introdução e palpites do autor, inesquecíveis diálogos, finos detalhes psicológicos, pinceladas de paisagens, segredos, adivinhas, além da apresentação de algumas figuras que desempenharão destacado papel nos acontecimentos passados e futuros narrados neste apaixonante folhetim — em cada página a dúvida, o mistério, a vil traição, o sublime devotamento, o ódio e o amor.

Além disso, são muito comuns em sua obra o recurso a repetições e paralelismos, os vestígios de refrões, o emprego de epítetos descritivos, a sobrevivência de trechos com rima e métrica bem definidas, com preferência pela redondilha — mesmo que para isso seja necessário recair na ordem indireta, pedida pelo verso mas normalmente evitada na prosa. Grande parte das passagens mais líricas da obra amadiana são exemplos da persistência desse variadíssimo e requintado arsenal de procedimentos da literatura oral, às vezes quase em estado puro, com uma intensidade poucas vezes comparável na criação de outros ficcionistas brasileiros.

Quanto aos demais gêneros mencionados, bastaria recordar a própria confissão do autor em seu discurso de posse na Academia Brasileira de Letras, reconhecendo ser "um rebento da família de Alencar".[9] E este, em seu *Como e por que sou romancista*, fez questão de deixar muito claro o papel que em sua formação de escritor desempenhou o romance popular.[10]

Tal reconhecimento coincide também com outras alusões que atestam a força dessas narrativas na formação do nosso público leitor em geral. Tanto por meio de personagens de Machado de Assis que se dedicavam a essa leitura quanto na valorização que o Riobaldo recém-alfabetizado dá ao fato de então, finalmente, poder ler o *Senclér das ilhas* que encontra em suas andanças, o primeiro livro de verdade que poderá fazer seu.

A esse respeito, vale lembrar que Guimarães Rosa, em depoimento a Marlyse Meyer,[11] justifica sua escolha por esse título para a leitura de Riobaldo dizendo que esse romance popular anglo-francês era justamente o livro que ele podia ter certeza de que seria encontrado nas casas do sertão mineiro na época de sua infância. Não admira que seja também uma preciosa fonte para a narrativa amadiana. Dupla fonte, na realidade, já que muitas vezes se confundem as vertentes do romance popular e do folhetim, tornando quase impossível dissociá-las.

Na verdade, ambas se confundiam mesmo no século XIX e no Brasil do começo do século XX, visto que na maioria das vezes o romance popular era inicialmente publicado na imprensa sob a forma de folhetim, no rodapé das páginas de jornal.[12] Aliás, foi assim que todos os nossos grandes romancistas da época lançaram suas obras. Até mesmo Machado de Assis, que só se afasta do folhetim a partir de *Dom Casmurro*.[13]

Essa maneira de ir escrevendo uma obra de ficção para ser publicada em fatias — embora, posteriormente, muitas vezes fosse editada em livro — surgiu na França, com o interesse em democratizar o jornal. As assinaturas dos periódicos eram então muito caras, e a manutenção, difícil. Aos poucos, portanto, vai se desenvolvendo a ideia de que seria melhor procurar possibilidades de ter mais leitores pagando menos. Os ingleses (ainda que depois adotassem também a narrativa seriada) inicialmente buscaram que isso acontecesse por meio do recurso à publicidade. Os franceses preferiram o caminho da publicação de histórias em capítulos.

É interessante observar que a primeira obra a ser publicada dessa forma, em 1836, foi um clássico, de 1554, traduzido do espanhol e de autoria anônima, mas que parecia feito de encomenda para o papel a que estava sendo destinado, o *Lazarillo de Tormes*. Trata-se da novela picaresca por excelência, em que se sucedem as peripécias de um personagem sem emprego fixo, profissão definida ou domicílio constante, obrigado a viver de pequenos expedientes. O ambiente de marginalidade social, o senso de humor da narrativa, a vasta galeria de tipos humanos e outras características da obra já anunciam sua descendência fecunda em diversos folhetins que se tornarão famosos romances do século XIX, cada um com seu próprio tom nacional — de *Oliver Twist*, de Charles Dickens, a *Memórias de um sargento de milícias*, de Manuel Antônio de Almeida, sem esquecer *Os miseráveis*, embora Victor Hugo prefira abandonar o humor e enveredar pelas cores trágicas da realidade. Evidentemente, nessa galeria, várias das obras de Jorge Amado não deixam de manter certo ar de família com tão ilustres antepassados.

Logo, porém, o formato do folhetim deixa de lado qualquer preferência pelos clássicos e passa a ser uma estratégia geral de lançamento de ficção. Poucos meses depois do *Lazarillo*, é encomendada a Honoré de Balzac uma obra inédita para sair dessa maneira, *La Vieille Fille*. A partir de então, o sistema se consolida, com grande popularidade, permitindo o aparecimento de vários novos autores. Logo em seguida, na França da década de 1840, surgem aqueles que seriam seus grandes cultores: Alexandre Dumas no folhetim histórico e Eugène Sue, "o rei do romance popular", no de tipo realista.

A necessidade do corte sistemático e atraente e a adequação ao grande público levam inevitavelmente a novas concepções da estrutura narrativa, à simplificação na caracterização dos personagens, ao tão criticado maniqueísmo e a vários cacoetes estilísticos. O novo gênero em pouco tempo vira uma mania francesa e logo deixa de ser apenas uma forma para se converter numa fôrma (usando a útil distinção de Manuel Bandeira).[14] Obtém tanto êxito que corrói o jornal por dentro. Cada vez mais, aos olhos do público, ávido das peripécias deixadas no ar ao final do capítulo anterior, o folhetim vai ficando mais importante que as notícias, os artigos de fundo, a matéria propriamente jornalística escrita por cidadãos influentes, tudo aquilo, enfim, que deveria constituir o âmago do veículo. Desperta então, desde logo, uma crítica negativa veemente, do tipo que Umberto Eco chamaria de "apocalíptica". Nunca mais se livrará dessa visão.

No entanto, como a maioria dessas narrativas acabará em seguida saindo em livro, e muitas são inegavelmente de qualidade, começa a haver certa ambiguidade dos meios intelectuais, que preferem esquecer a forma de publicação em alguns casos e tratam de enfatizá-la em outros. Essa dupla avaliação discriminatória acaba se estendendo aos livros resultantes do folhetim, que passam paulatinamente a ser encarados como dois gêneros distintos: romance burguês (que, ao fim de algum tempo, termina por chamar a si toda a nobreza e passa a ser visto como o romance propriamente dito) e romance popular.

Mesmo na ocasião, as críticas a este podiam ser muito exigentes e severas, num óbvio desconforto das camadas dirigentes com a leitura popular e suas escolhas. Marlyse Meyer, em seu excelente estudo sobre o folhetim, transcreve trechos de um relatório oficial francês da época, que criticava a popularidade do gênero e afirmava: "O que é o romance popular nas mãos daquele que não estudou outra coisa, além de um tecido de aventuras galantes, fantásticas, despudoradas, cheias de horror". A questão da arte que interessa ao literato, a questão moral que interessa ao pensador [...] não tem a menor importância para ele".[15]

A reação intelectual francesa não demora muito a operar uma clivagem entre a grande imprensa e a imprensa popular, que publicava os folhetins. Dois tipos de imprensa, dois tipos de romance, dois tipos de autor. Só então, finalmente, fica tudo certo, no melhor dos mundos — um lugar para cada coisa e cada coisa em seu lugar, como defendia dr. Teodoro, o segundo marido de dona Flor.

No Brasil, porém, essa cisão não se operou. Como dona Flor, acabamos dando um jeito de ter ao mesmo tempo os dois maridos e de convivermos com dr. Teodoro e Vadinho, ainda que em planos diversos. "Brasileiro estômago de avestruz", comenta Marlyse Meyer, em nova imagem para a nossa velha antropofagia cultural. Os mesmos jornais que publicavam noticiário sério traziam folhetins, indistintamente, de cambulhada — tanto as obras dos grandes romancistas quanto os popularescos por excelência. E todo mundo lia.

Já na década de 1920, uma revista moderna como *Fon-Fon*, com esse nome futurista e seus ideais de contemporaneidade, publicava o *Pardaillan*, de Michel Zévaco (1860-1918), e o *Rocambole*, de Ponson du Terrail (1829-71). Fizeram um sucesso extraordinário, como atestam as lembranças posteriormente evocadas por autores tão diversos entre si quanto Carlos Drummond de Andrade, Graciliano Ramos, Vinicius de Moraes, Pedro Nava e Ruth Rocha, todos leitores fervorosos dos folhetins.

Antes da *Fon-Fon*, ainda no século XIX, o *Correio Paulistano*, *O Estado de S. Paulo*, o *Jornal do Commercio*, *A Gazeta* e *A Manhã* também publicavam narrativas em série ao lado do noticiário respeitável. Geleia geral mesmo: no elenco dos autores dessas narrativas, podiam ser encontrados tanto os escritores claramente romanescos e descabelados quanto nomes ilustres como Charles Dickens e Dostoiévski, entre os estrangeiros, ou Joaquim Manuel de Macedo, Machado de Assis e Raul Pompeia, entre os nacionais.

Estendendo-se até a segunda metade do século xx, uma revista de grande circulação nacional como *O Cruzeiro* continuou publicando em capítulos romances de José Lins do Rego, Rachel de Queiroz, Dinah Silveira de Queiroz, José Condé, Lucia Benedetti e tantos outros. E vale lembrar que, até muito recentemente, como revela José Ramos Tinhorão na minuciosa pesquisa que realizou para seu estudo sobre o gênero no Brasil,[16] outros periódicos incluíram a publicação de folhetins de autores como Orígenes Lessa, Marcos Rey, Nelson Rodrigues, Marcio Souza, Sergio Jockymann, José Carlos Oliveira, Luis Fernando Verissimo, Carlos Eduardo Novaes e José Louzeiro. Nem dá para esquecer que a primeira obra publicada por Jorge Amado, em 1928, foi um folhetim escrito em conjunto com Edison Carneiro e Dias da Costa, intitulado *El Rey*, depois lançado em livro como *Lenita* e renegado por seus autores.

A força do folhetim e do romance popular, portanto, perdura (entre nós e em outros países) e se mantém intensa até pouco antes da Segunda Guerra Mundial — e nem precisamos recorrer ao enorme sucesso internacional das telenovelas ou à excelência de nossa teledramaturgia para atestar a robustez dos filhotes.

Em 1930, como também assinala Marlyse Meyer, Antonio Gramsci reconhece a importância da influência que tais gêneros exerciam na Itália, dedica-lhes um bom espaço em seus *Cadernos do cárcere* e os considera uma fonte de cultura, ao verificar que seus diferentes títulos constituíam a principal leitura das classes subalternas. Na opinião de Gramsci, tal fato ocorria porque os intelectuais não conseguiam fornecer uma literatura às camadas populares nem chegar de fato ao povo. Considera o teórico italiano que, se esse percurso não fosse feito, não chegaria a existir uma literatura verdadeiramente nacional.

Em sua análise, Gramsci trata então de propor uma tipologia geral para a classificação do folhetim. Para isso, distingue, de maneira textual, três vertentes, como aqui indicamos de modo resumido, mantendo sua caracterização:
- o *tipo Victor Hugo ou Eugène Sue*, de caráter ideológico-político e tendência democrática ligada à ideologia da Revolução de 1848;
- o *tipo sentimental*, não político, mas exprimindo o que chama de "democracia sentimental";
- um terceiro tipo, a que não dá nome, mas que descreve como aquele "que se apresenta como de pura intriga mas possui um conteúdo ideológico conservador-reacionário".[17]

Nenhum deles era de criação contemporânea, o que leva Gramsci a se perguntar por que os jornais italianos de 1930, para manter seus leitores, não eram capazes de produzir algo novo e tinham que continuar publicando esses mesmos folhetins do século anterior.

A forte massa de imigrantes italianos, que viera para São Paulo na virada do século, também os desejava e buscava em nossos jornais. Zélia Gattai, em um de seus livros de memórias, *Anarquistas, graças a Deus*, conta como o pai implicava com o gosto eclético das leituras de sua mãe, dona Angelina, devoradora de tudo o que lhe caísse na frente, inclusive folhetins e romances populares. Mesmo implicando, porém, seu Ernesto Gattai não escapava à sedução do gênero, como comprova o fato de que, quando a menina nasceu, queria dar à filha Zélia o nome de Pia, em homenagem a uma heroína de folhetim.[18]

Tudo isso está sendo lembrado para sublinhar duas coisas. Primeira, que os folhetins e romances populares eram conhecidíssimos no Brasil e constituíam o mais disseminado material de leitura de ficção que a população tinha a seu alcance. Segunda, que era bastante frequente a relação entre literatura popular e discussão dos temas sociais e políticos. A vizinhança entre os dois terrenos era corriqueira. Com ou sem Gramsci e muito antes dele.

Aliás, o próprio Antonio Candido já chamou a atenção para a consciência social dos folhetinistas e suas ligações criadoras com a análise da sociedade.[19] E quem quiser alguns ilustres exemplos internacionais pode lembrar que Eugène Sue foi deputado socialista e terminou por morrer no exílio. Ou recordar que Jean-Paul Sartre, em *O idiota da família*, confessou que seu verdadeiro herói republicano era o *Pardaillan*, de Michel Zévaco, que classificou de anarquista.

Portanto, não deixa de ser natural que, conscientemente ou não, o folhetim e o romance popular também se constituíssem em fontes para um autor com essas preocupações políticas e uma história militante, desejoso de fazer "romance de massa". Eles têm a ver com os ideais românticos de liberdade e democratização, com o generoso impulso de atrair novos leitores para o universo da palavra escrita, com a vontade de revirar a história, de vingar as injustiças sofridas pelos inocentes ou desprotegidos.

Levando tudo isso em conta, não parece justo que uma leitura superficial procure reduzir os vestígios deixados por esses gêneros a um mero exemplo de busca desenfreada por aumento de vendagem e sucesso comercial. É preciso entender o momento em que tais formas de literatura popular se manifestam e qual seu contexto histórico, evitando assim considerá-las fora de sua época, apenas a partir de um olhar anacrônico, tingido por valores contemporâneos, característicos de uma sociedade de consumo.

O desejo de seduzir

Falando no folhetim e no romance popular, falta ainda mencionar um derradeiro aspecto que também tende a aproximar esses gêneros da própria sensibilidade de Jorge Amado: a erotização da narrativa. Não no sentido superficial de descrever cenas de sexo. Mas na acepção mais ampla e profunda, examinada por Italo Calvino e Umberto Eco e sugerida por Roland Barthes quando dizia que um texto não tem apenas uma gramática, tem também uma erótica.[1]

Os folhetins e romances populares funcionam por meio de um mecanismo que joga com promessa e adiamento para prolongar o prazer. Liliane Dumont-Dessert examina como Sue e Dumas "inventam um arsenal técnico de sedução" e exacerbação do desejo, sempre acenando com mais satisfação no futuro.[2] Esses procedimentos narrativos, também amplamente estudados por outros críticos, se caracterizam por um jogo de espicaçar e postergar um pouco, num permanente processo de aliciamento do leitor, que se percebe claramente desejado e provocado, em tensão crescente, até atingir uma descarga de alívio final. Nos filmes de aventura, faziam a plateia das matinês torcer e uivar. No folhetim, ajudavam a prolongar o prazer de forma quase infinita, prendendo o leitor à expectativa do capítulo seguinte. No romance popular, contribuem para a erotização do texto.

Essas reflexões são úteis porque nos ajudam a perceber como a intuição criadora de Jorge Amado escolheu inserir-se numa linhagem perfeitamente adequada para sua expressão, ao ir buscar na fonte desses gêneros os seus modelos, ainda que inconscientes.

Preocupação social e política, imersão numa atmosfera de sensualidade e erotização e mergulho na cultura popular são apenas alguns dos aspectos positivos dessa opção. Talvez sejam os mais imediatamente visíveis e reconhecíveis. Existe, porém, outro, fundamental e importantíssimo: a perfeita afinidade entre esses gêneros e a própria sensibilidade do romancista.

Inúmeras vezes, ao longo de toda a sua vida, Jorge Amado insistiu em reafirmar que era apenas um contador de histórias e não pretendia ser mais do que isso. Como se sentisse necessidade de reiterar sempre, diante das cobranças, que sua prioridade literária era o desenvolvimento do enredo, não a exploração da linguagem.

Afinal de contas, são justamente esses gêneros narrativos populares, latentes em sua obra, que se constituem em herdeiros diretos das epopeias e do romanceiro popular ibérico. São essas as formas que irão se encarregar de preservar as delícias de ler pelo simples gosto do enredo. São essas as modalidades literárias que privilegiam a trama, a tessitura dos diversos fios da ação, a concatenação das peripécias. E que ninguém se deixe enganar pela aparente modéstia do escritor ao se definir *apenas* como um contador de histórias. Ele as conta com maestria, de forma cada vez mais intrincada, manipulando com segurança os cordéis de seus personagens, entretecendo diversos fios de cores e texturas diferentes em sofisticada composição.

A linearidade dos primeiríssimos livros é logo abandonada,

os conflitos se requintam em matizes inesperados, os variados recursos narrativos se tornam cada vez mais elaborados no desenrolar da obra amadiana. Ambiguidades e dualidades passam a estruturar os relatos. Gabriela casa sem casar. Dona Flor tem dois maridos. Quincas Berro Dágua tem duas mortes. Os santos têm altares e terreiros, onde estão e não estão, de sumiços em aparecimentos. O padrinho de um batismo pode ser o próprio padre — mais que padre, compadre, e de Ogum. A benfeitora de Santana do Agreste pode ser justamente a execrada da comunidade. O pistoleiro contratado como capanga pode ser o patriarca fundador e reverenciado, já que seu tiro certeiro pode ser a salvação de uma cidade. A beata espanhola se descobre mulata e feita cavalo de santo. O paladino da cultura africana pode ter filho com uma sueca ou finlandesa. Tudo se move e reverbera. Nada ou ninguém é apenas o que parece ser, embora possa sempre ser *também* exatamente o que parece.

Do linear ao ambíguo, do equívoco ao multívoco, os caminhos da obra de Jorge Amado vão se multiplicando e se irradiando à medida que ela se desenrola. O maniqueísmo inicial fica para trás, porque a realidade à qual ele se aplicava não é abstrata: é vivida, tecida em memória, e se impõe com força. Por maiores que sejam a indignação e a solidariedade, por mais intenso que se faça o chamado da liberdade, não há como evitar a certeza de que a vida é mais poderosa, e as pessoas, mais complexas. Há sempre um "não é bem assim" implícito, um "por outro lado" latente.

Dessa forma, vai ficando para trás aquela sensação de certa simplificação redutora e ingênua que se tinha nos romances de juventude de um autor de estreia precoce e pena entusiasmada. Aos poucos, percebe-se que a defesa do trabalhador explorado não impede o reconhecimento, talvez até a admiração incontida, pela força épica do coronel desbravador do cacau. A leitura dos romances vai se afastando de transparências imediatas, de superficialidades tranquilizadoras. Vai revelando um autor no domínio crescente e seguro do seu ofício, capaz de manter sempre presa a atenção do leitor, sem com isso deixar de estar atentíssimo ao que seus personagens são capazes de aprontar. Ao mesmo tempo, sem jamais se afastar de discutir as questões sociais, políticas e culturais que lhe interessam.

Entre os recursos desse ofício já dominado está sua linguagem oralizante e brasileira, fruto de uma escolha pelo instrumento eficaz e não de uma resignação ao empobrecimento linguístico por incapacidade de dominar a gramática ou devido à pouca intimidade com os clássicos — como quiseram insinuar certos meios acadêmicos que só conseguiram enxergar na voz de Jorge Amado o desleixo de um coloquialismo rasteiro e convencional.

Ferreira Gullar já chamou a atenção sobre isso, ao destacar na obra amadiana o

> vasto painel da vida brasileira que ele vem traçando [...] quase sem descanso. Um painel vivo, palpitante, realizado sem plano, como resposta à vida, a sua experiência de cidadão e escritor. [...] Eis uma das questões que a crítica mais cedo ou mais tarde terá de encarar com seriedade, pois a obra de Jorge Amado é, entre outras coisas, a busca de uma linguagem literária que, sem abrir mão das qualidades encantatórias, quer ser ao mesmo tempo contundente e crítica.[3]

Resta ainda assinalar que tais formas de literatura popular estão, também, intimamente ligadas ao melodrama, surgido do desejo de um teatro mais popular e mais democrático, no processo de busca de uma representação mais legível, ao alcance de todos. Muito embora não sejam muito frequentes os elementos puramente melodramáticos na obra de Jorge Amado, seus vestígios são suficientes para que os mencionemos. Mesmo porque nos ajudam a situar o romancista baiano em um contexto cultural no qual a literatura pode ser também a manifestação de uma vontade de vingança ou sede de justiça, a oportunidade de dar voz aos tradicionalmente silenciados — traços melodramáticos típicos.

Peter Brooks, em seu estudo sobre o melodrama,[4] afirma que este, ao lado do romance, marca a entrada na literatura de uma nova categoria moral e estética. Após o "sublime" da tragédia, agora chega o "interessante", tal como Diderot preconizava. Brooks acha que Balzac, Henry James, Dickens, Dostoiévski, Gógol devem muito a essa influência, na resposta que suas obras constroem diante da perda da visão trágica. Trata-se de uma resposta que corresponde ao fim do sagrado, a um momento em que os imperativos tradicionais de Verdade e Ética foram violentamente questionados, mas, ao mesmo tempo, a um instante em que reafirmação da verdade e da ética e sua instauração na vida são uma preocupação imediata, diária — e política.

O melodrama foi uma das matrizes do folhetim e do romance popular e vive seu apogeu pouco antes do momento em que o modismo dos outros dois gêneros dominaria a cena por completo. Caracterizou-se por situações extremas e espetaculares, por um heroísmo de confrontos físicos descomunais, pela ênfase na vingança como forma de justiça, pelo emprego de uma fraseologia grandiosa. O uso de suas marcas fundamentais foi aos poucos elaborando e construindo uma estética da surpresa e da bipolarização maniqueísta, levando à exclusão de toda e qualquer possibilidade de uma solução pelo meio.

Este último aspecto, certamente, está muito distante do que encontramos nos romances de Jorge Amado, sobretudo na segunda fase, quando cada vez mais ele se caracteriza como um autor em cuja obra com frequência a bipolarização não significa maniqueísmo. Longe disso, muitas vezes ele acaba adotando ao mesmo tempo os polos do dualismo, reinventando de modo original a situação e fazendo com que os opostos passem a conviver com naturalidade. Esse processo só é possível porque, em vez de concentrar sua atenção na oposição existente entre os termos que se apresentam, Amado prefere dar mais valor ao vínculo que eles possam apresentar, ao terreno comum que os une, por menor que seja. Essa é a originalidade do romancista. No entanto, os vestígios do melodramático sobrevivem, mesmo aí, ainda que se manifestem em aspectos secundários. Basta lembrarmos os mares cheios de tubarões que os heroicos personagens têm de enfrentar quase a tapa (Guma em *Mar morto*, mais de uma vez, ou Tieta) para constatarmos que o melodrama nem sempre fica assim tão longe do universo amadiano.

É certo que o repertório melodramático mais tosco foi abandonado na obra de Jorge Amado, mas a existência desse substrato temático pode ser observada em vários detalhes que atestam a permanência de seus resíduos transformados. Na narrativa amadiana não mais encontramos os chavões da identidade falsa, subitamente revelada graças a uma carta secreta ou a uma testemunha — mas a identidade falsificada é uma chave mestra para a solução da situação em *Gabriela, cravo e canela*, permitindo a anulação do casamento e a fundação de uma nova entidade relacional que reinventa o final feliz. Não existe mais o clichê da "ressurreição" do herói — mas o noivo de Tereza Batista ressurge anos depois, miraculosamente, são e salvo, livre e desimpedido, após ter sido dado por morto, e reaparece no momento exato em que ela se preparava para casar com o padeiro. Não há mais a abnegação e o desprendimento extremados de seres angelicais que beiram a santidade — mas, uma vez ainda, Super-Tereza se manifesta com suas qualidades sobre-humanas e realiza um tour de force admirável, alfabetizando uma adulta em poucas semanas, sem que suas notáveis qualidades no magistério indiquem qualquer especialização pedagógica. Com efeito, qualquer encontro com uma insuspeitada vocação didática da jovem personagem é logo descartado, e o grande feito de alfabetizadora não a impede de, em seguida, revelar-se uma enfermeira magnífica, de excepcional resistência imunológica, quando se dedica corajosamente a combater a epidemia de varíola, auxiliada por uma força física descomunal que a faz chegar ao ponto de carregar nas costas os doentes cobertos de chagas, escorrendo pus. Também Super-Tieta, a dos recursos inesgotáveis que resolviam todos os problemas de Santana do Agreste, tem seu lado de heroína indômita, de insuspeitados recursos atléticos, seja quando enfrenta no meio da noite as ondas bravias de um mar infestado de tubarões (mais uma vez o tema volta), seja quando não hesita em arriscar a própria vida e se lançar contra uma casa em chamas para salvar uma velha de morrer num incêndio.

Esse breve exame de alguns exemplos nos dá uma pista para entender como opera o romancista em relação ao acervo desse repertório popular herdado. É verdade que muitas vezes ele se utiliza dos elementos tradicionais e conhecidos dos leitores, mas geralmente o faz num mecanismo que rompe o estereótipo esperado. Ou seja, navega-se por mares conhecidos, porém de repente a surpresa entra em cena, ainda que de modo diferente do habitual. Não porque a peripécia em si seja espantosa e inesperada. Mas porque seu contexto é inusitado ou a situação se resolve de modo pouco costumeiro.

O interessante é o uso daquilo que os críticos de língua inglesa chamam de um *twist*, uma torcidinha, um pequeno desvio insuspeitado. Há uma aparente premissa realista subjacente, que não levaria o leitor a pressupor o recurso a esse tipo de procedimento. No entanto, eles ocorrem. Mas, ao mesmo tempo, a adoção dessas saídas inesperadas não se erige em nova norma narrativa e não chega a configurar uma escolha pelo fantástico ou pelo realismo mágico. Não passa de uma bicadinha, de leve, como se fosse só para experimentar que gosto tem. É só uma pequena quebra daquele realismo que parecia proposto no pacto implícito com o leitor, e ao qual logo se retorna. Uma quebra que caminha em precário equilíbrio, sombrinha na mão como nos circos mambembes, pé ante pé na tênue linha que delimita o melodrama romântico. E pisca o olho para quem lê: temos um pacto, sim, isto é só uma brincadeira, não se aflija porque eu já completo a travessia, chego do outro lado e continuamos como antes.

Talvez nenhum exemplo seja tão expressivo quanto o de *Capitães da areia*, quando o Sem-Pernas é recebido com carinho pela família burguesa que o vê como substituto do filho morto. O episódio começa como um eco nítido de *Oliver Twist* ao ser recebido por seu benfeitor, que o acolhe, veste, alimenta, lhe dá um quarto em sua casa e começa a tomar providências para adotá-lo. Quase uma citação de homenagem ao romancista inglês, influência reconhecida e admiração confessada de Amado. Tudo faz supor que o contato com a bondade e o carinho vai operar uma transformação no destino do personagem, ainda que após dificuldades e peripécias, e que o pobre menino irá encontrar um porto seguro onde poderá ser feliz, como ocorreu com o Oliver de Dickens ou a Cosette de Victor Hugo, ou tantas outras crianças abandonadas e sofredoras cuja sorte muda nos romances do século XIX.

Toda a diferença vem depois. Na obra de Dickens, quando os ladrões tentam utilizar o pequeno Oliver para roubar a casa, ele reage, se nega, é leal a seu benfeitor. Na obra de Amado, a solidariedade ao grupo fala mais alto, e, embora o Sem-Pernas, carente de afeto, precisasse de carinho e quisesse muito poupar a família que o acolhera, acaba escolhendo traí-la para poder continuar sendo leal aos capitães da areia, que também eram carentes como ele. Assim, o menino ajuda na consumação do roubo, mesmo que ao preço de um grande sofrimento individual. Não lhe passa pela cabeça explicar aos companheiros a felicidade que tinha encontrado para si ou lhes sugerir que procurassem outra casa para assaltar, não lhes dá a chance para que sejam compreensivos com sua dor e solidários com ele, nem mesmo tenta reivindicar seu direito individual de ser feliz. Nem lhe seduz a ideia de tentar a pequena malandragem de lhes dizer que não havia nada atraente para roubar naquela casa.

Nessa situação intensamente melodramática, um menor abandonado, carente absoluto, mendigo e deficiente físico (o detalhe, aliás, é típico do melodrama), encontra um casal que o acolhe de maneira amorosa, com extremo carinho, e decide adotá-lo para substituir o filho que morreu (outro detalhe característico do repertório). Tem roupas, brinquedos, seu próprio quarto, um lugar na escola e na sociedade. A redenção, enfim. Mas então vem a tal torcidinha inesperada no caminho. O menino não tem direito a essa escolha. Precisa sufocar a gratidão, sair do aconchego feliz e arrancar do peito qualquer sentimento de amor, trair a confiança de quem foi generoso com ele. Não pode se permitir o luxo de buscar soluções conciliatórias para seu dilema. Por mais que isso lhe doa.

Ao contrário do que ocorre com o personagem de Dickens, no contexto do realismo pós-romântico da sociedade vitoriana, as escolhas que se apresentam ao Sem-Pernas na sociedade brasileira da primeira metade do século XX são de outro tipo. A ética é outra, de classe. Faz com que a moral do grupo e a solidariedade se sobreponham ao afeto, ao sentimento individual de agradecimento e ao que pode parecer apenas um caso de moralidade burguesa tradicional. A intensidade do conflito interno entre duas fortíssimas emoções opostas, no entanto, ecoa os dilaceramentos afetivos do melodrama e não estaria fora de lugar no quadro geral do romance popular do século XIX.

Um romântico anarquista

A perspectiva que o tempo nos traz agora, numa releitura da obra de Jorge Amado, permite ainda uma observação interessante. Salvo engano, quem primeiro notou e explicitou esse aspecto foi o crítico José Maurício Gomes de Almeida. O comentário chama a atenção para um mal-entendido — bastante compreensível mas nem por isso deixando de ter consequências — que costuma acompanhar a situação e classificação do romancista baiano em nossa literatura: a tendência a aceitar e aplicar rótulos como *realista*, *proletário*, *socialista* e *revolucionário* para cobrir grande parte de sua produção.

Muito embora a intenção manifesta pelo próprio autor em sua primeira fase tenha sido escrever romances de massa, ou até mesmo romances proletários (chegou a se perguntar algumas vezes se estaria fazendo isso, ainda que levantasse ressalvas à inexatidão do termo no caso de sua obra), houve uma inequívoca distância entre esse projeto consciente e o resultado de sua execução. Entretanto, nem sempre a crítica teve o afastamento necessário para conseguir discernir isso, na ocasião. Daí que a tendência sempre tenha sido enquadrar a criação narrativa do autor num modelo próximo ao que então se chamava realismo socialista. E talvez também esteja justamente aí uma das raízes de alguns mal-entendidos críticos recorrentes em relação ao romancista. Devido ao equívoco de levar em conta os dados biográficos (como a trajetória partidária de Amado), ou de seguir a pista dos traços mais superficiais e populistas de seus romances da primeira fase, ou ainda de acreditar nas intenções proletárias explícitas, manifestadas pelo próprio autor em entrevistas, não raras vezes a crítica se esqueceu de que "vale o escrito" e deixou de verificar em que medida tais propósitos realmente se concretizaram na prática de seus textos. O resultado, com frequência, é aquilo que a leitura atenta feita por Alfredo Bosi classificou como o maior dos equívocos em relação a Jorge Amado: o de que sua obra se "fez passar por revolucionária" sem o ser.

Com muita agudeza, José Maurício Gomes de Almeida nos propõe um outro ponto de vista. Não aceita essa classificação e nos mostra como o romancista baiano guarda em sua obra um parentesco bem maior com o anarquismo do que com o socialismo. Mais do que isso, como bem fundamenta o crítico, Jorge Amado seria um anarquista com profundas marcas do romantismo.[1]

Já nos referimos a muitas dessas marcas. Entre elas, a filiação a Alencar, a influência do melodrama e outros gêneros populares, o papel preponderante desempenhado pelo enredo. Ao lado desses e de alguns outros aspectos, cumpre ainda mencionar dois, que são intrinsecamente essenciais à visão amadiana do mundo: a celebração da liberdade e o gosto pelos personagens marginais.

O herói de Jorge Amado é um homem ou mulher que diz *não*, um rebelde que não admite os mecanismos repressores da sociedade. No entanto, apesar dos fortes modelos do romance proletário, a lhe sugerir ações de inconformismo em um quadro de militância sindical ou partidária (que, no fundo, também integrariam estruturalmente o operário no complexo produtivo da sociedade organizada), é inegável que toda a grandeza dos personagens amadianos escapa para uma ação na periferia social. Nesse sentido, ele participa daquele "fundamental anarquismo" de que falava Oswald de Andrade em *Serafim Ponte Grande*. Mas, como observa Gomes de Almeida, toda a sua tendência é "mais para um certo tipo de anarquismo instintivo de raiz romântica".

É na busca de liberdade pessoal que essa tendência se manifesta, sobretudo na obra tardia do romancista, modelarmente inaugurada com personagens libertários da força de Gabriela ou Quincas Berro Dágua, que rompem com os parâmetros da vida certinha que a sociedade lhes oferece e escolhem trilhar seus próprios caminhos, inventando padrões originais que, quase sempre, chocam e escandalizam os bem-pensantes. E fazem isso com a naturalidade instintiva de quem só quer ser feliz e não consegue conceber uma existência que não seja primordialmente fiel à liberdade, sem freios convencionais impostos por papéis sociais. Dessa forma, seu comportamento constrói uma vida mais desprendida, limitada apenas pelos laços afetivos que se tecem entre amigos e pela preocupação em não causar mal desnecessário aos outros. Suas histórias têm de ser contadas e sua vivência interior, evocada em linguagem também livre e solta, com recurso a um repertório de procedimentos distintos daqueles que eram convencionalmente recomendados pelas tradições estéticas literárias ou ardentemente impostos pelos figurinos da vanguarda intelectual.

Tais personagens não são realistas. E também não são proletários ou socialistas. Tampouco chegam a ser revolucionários. Não se enquadram em modelos prévios e até os recusam. Como no caso da Chiquita Bacana da marchinha de Carnaval carioca no pós-guerra, de cada um se poderia cantar:

*Existencialista
com toda razão,
só faz o que manda
o seu coração.*

Porém, mesmo nos romances anteriores, carregados de intenções proselitistas, essa sede de liberdade pessoal já transbordava dos personagens, muitas vezes de forma incontrolável. É o caso do Antônio Balduíno, de *Jubiabá*, por exemplo. Desde sua infância de moleque da favela, passando pela adolescência num bando de capitães da areia, até a sucessão de situações que na idade adulta vai encontrar esse herói picaresco moderno (malandro, lutador de boxe, trabalhador em plantações de tabaco, artista de circo mambembe), nada parecia prepará-lo para sua inesperada conversão em estivador engajado em lutas sindicais, *mitingueiro* (como se dizia numa época em que ainda se chamava comício de meeting) e doutrinador, capaz de renegar o pai de santo Jubiabá, que lhe parece limitado em sua encarnação da raiz cultural afro-brasileira e não fora "abençoado" pela visão iluminadora da "verdade irrefutável" da luta de classes. Essa "evolução" final de Antônio Balduíno no sentido do enquadramento ideológico acaba trazendo a um livro belo e forte um toque destoante, de falsidade constrangedora, mas não é essa a lembrança que domina e fica para sempre na memória do leitor depois que o tempo passa. O que resiste é o retrato de Baldo traçado antes disso, durante todo o desenrolar da narrativa, tanto por meio de suas ações como das próprias descrições do autor. Desde o início, quando sabemos que "Antônio Balduíno agora era livre na cidade religiosa da Baía de Todos-os-Santos e do pai de santo Jubiabá. Vivia a grande aventura da liberdade".

Até bem perto do final, pouco antes do desenlace ideológico ralo e pouco convincente, quando ele reencontra os velhos amigos: "Eles são novamente donos da cidade como no tempo em que mendigavam. São os únicos homens livres da cidade. São malandros, vivem do que aparece, cantam nas festas, dormem pelo areal do cais, amam as mulatas empregadas, não têm horário de dormir e de acordar".

Mesmo se perguntando se estaria fazendo um romance proletário, o romancista reconhece que não se concentrou nos operários, preferindo como protagonistas "prostitutas, vagabundos, mulheres do povo, pescadores, mestres de saveiro, gente de circo" e se voltando mais para "uma perspectiva não propriamente de classe, mas de povo em sua totalidade".

Tentar encaixar o autor nos parâmetros redutores do realismo socialista, segundo essa perspectiva, ficaria mesmo um pouco forçado. Não admira que tenha dado origem a tantos mal-entendidos, já que a obra de Jorge Amado, à semelhança de seus personagens, a todo instante se rebela, foge de rótulos fáceis e não obedece à configuração em que a crítica pretendeu obrigá-la a entrar.

Por vezes, nos romances da primeira fase, era o próprio autor quem levava a esse desencontro, com suas declarações extratexto, como parte da sua busca consciente de seguir a receita proselitista defendida pelo partido. Mas aconteceu então o que ele mesmo revelou tantas vezes: os personagens lhe escapavam e ele entendia que não estava conseguindo mandar neles. Cito apenas um exemplo dessa confissão reiterada:

> o personagem atinge sempre mais além de nós, criadores. Há uma parte de seu ser que jamais se entrega, que persiste misterioso, desconhecido mesmo para o romancista. Há sempre um momento em que o personagem escapa das mãos e do comando do seu criador e vai sozinho em frente, fazendo o que bem quer e decide — seja homem, seja mulher. Aliás, para mim, a melhor prova de que o romance se põe de pé é exatamente essa — quando o personagem

torna-se independente do autor, anda com seus próprios pés, constrói ele próprio seu destino.[2]

Sua gente, portanto, é mais forte até do que seus próprios desígnios de autor. É rebelde, busca ser mais livre e vai para onde bem entende. Como a Santa em seu sumiço ou como Vadinho voltando do além para vadiar mais um pouco. Nos verdadeiros caminhos da liberdade pessoal, impossível não há — como ensinaria Quincas Berro Dágua ao se recusar a morrer de uma morte não escolhida livremente, onde, quando e com quem queria.

Por mais que, em determinados momentos de sua carreira, ele tenha alardeado aos quatro ventos esses propósitos e se lambuzado na tentativa de cumpri-los, a força de Jorge Amado não veio nunca de sua intenção consciente de ser o arauto dos novos tempos ou de seus planos de fazer uma pregação política e convencer as pessoas. Vem de sua verdade íntima, de sua vivência interior de tudo o que percebia na realidade que o cercava, de uma cultura popular forte, da elaboração que sua inteligência e sensibilidade fizeram dessa matéria-prima que a vida lhe deu. Ou apenas pôs a seu alcance e ele teve o talento único de saber agarrar como ninguém.

Essa dificuldade de enquadramento nos parâmetros de uma literatura realista se torna ainda mais nítida se considerarmos que, como vimos, essa narrativa está entretecida de outra proposta latente, não explicitada mas clara — a de uma estética popular. Tal caminho, por si só, constitui um caso pouco frequente nas nossas letras.

De certo modo, a observação de Silviano Santiago sobre outro romancista nos ajuda a ver com maior clareza o fenômeno que ocorre com Amado, também como o outro autor geralmente confrontado com Machado de Assis e com os modernistas: "A posição isolada e intrigante de Lima Barreto explica-se pelo fato de ter ele assumido uma estética popular numa literatura como a brasileira, em que critérios de legitimação do produto ficcional foram sempre os dados pela leitura erudita".[3]

E, se Silviano Santiago afirma que a ficção de Lima Barreto causou um curto-circuito crítico em nossa literatura, parece-nos útil aproximar esse caso do que ocorreu com Jorge Amado. Ainda que diferentes, guardam certas semelhanças. Ambos os mal-entendidos se passam, em grande parte, no plano da linguagem.

No caso de Lima Barreto, como magnificamente demonstra Silviano, a desmetaforização do discurso para falar do Brasil leva à ironia que revela a bruta realidade do cotidiano, ao contrário dos clichês ufanistas dominantes na época. No caso de Jorge, a clivagem se opera pela popularização dos padrões narrativos e do próprio discurso, bem distantes dos modelos realistas propostos pela tradição crítica.

Dentro dessa popularização, entram em cena, por exemplo, os tão criticados núcleos repetitivos. Seu uso denota a falta de preocupação com a originalidade e com a diferença, que tornariam cada leitura uma experiência única, criativa, de decifração, um mergulho no desconhecido, uma escrita por parte do leitor. Uma das grandes formas que pode assumir o prazer da leitura, sem dúvida. A mais rica e densa, do ponto de vista da erudição. Fascinante. Mas não a única. Como nos recorda ninguém menos que o eruditíssimo e sábio leitor Jorge Luis Borges, quando afirma que as narrativas de Robert Louis Stevenson ou de Emilio Salgari são formas de felicidade, não objetos de juízo. Não há motivo, portanto, para se pedir a Salgari que nos dê em seus escritos o mesmo tipo de prazer que temos em ler um texto do próprio Borges. Ou para se procurar características de Graciliano Ramos ou Clarice Lispector na obra de Jorge Amado.

O que o romance amadiano nos traz são personagens marginais, injustiçados pela sociedade, que se recusam a continuar excluídos da literatura ou vistos de cima com um olhar condescendente. Conquistam seu próprio espaço e avançam para o primeiro plano. Dominam toda a cena com suas falas que soam verdadeiras e fortes, suas ações cheias de heroísmo, sua luta para sair da condição de vítimas sociais, sua busca de liberdade e justiça, sua irreprimível alegria, seu incontrolável erotismo. Nesse processo, são ajudados por lances do acaso, por vidas que se entrecruzam com as suas, pela solidariedade e amizade dos que com eles compõem um coletivo popular — na melhor tradição folhetinesca de fazer conviver multiplicidade e narrativa linear. Em um livro como *Os pastores da noite*, por exemplo, chegam ao ponto de formar uma espécie de protagonista plural, um vasto coro em que mal se destaca algum solista, tal a força da soma de todas as vozes.

Ao mesmo tempo, é necessário considerar também que os romances da chamada primeira fase, escritos durante as décadas de 1930 e 1940, refletem de forma direta o momento histórico em que foram criados. Vivia-se uma época de busca de consciência social e desejo de participação política, quando partidos se fundavam e fortaleciam num país e num mundo em transformação. Nesse quadro, os intelectuais com frequência se sentiam moralmente obrigados a preencher fichas de filiação e se incorporar à militância em algum deles, como forma de passar a limpo os erros históricos do passado que haviam resultado nas mazelas sociais do presente. Tanto no Brasil quanto no exterior, por meio dessa participação político-partidária e da construção de sua própria obra a serviço desses ideais, muitos desses intelectuais acreditavam estar colaborando para que se tornasse possível a utopia que sonhavam para o futuro.

Não é difícil que uma leitura reconheça esse contexto e o incorpore em sua fruição do livro, ainda que por vezes seja necessária certa complacência para superar alguns exageros. A dificuldade é outra, muito mais sutil e em geral esquecida. Trata-se de perceber o contexto da crítica que se exerceu sobre essas obras, entendê-lo, mas não relevá-lo sumariamente como se não tivesse importância. Nem descartar seus resultados como se os efeitos sobre as obras criticadas tivessem sido desprezíveis ou pouco significativos.

Para tentar acompanhar e compreender esse processo, é preciso levar em conta aspectos diversos e, necessariamente, lembrar que a visão crítica manifestada na época, nesse contexto, abarca toda uma gama de efeitos. De um lado, reações imediatas à publicação do livro, no calor da hora. De outro, uma reverberação mais duradoura, que se sustenta por muito mais tempo e pode criar raízes entre especialistas nos círculos universitários, influindo sobre a visão que a posteridade passa a ter sobre o autor em questão.

Descartando os casos de simples repetição preguiçosa ou de reiteração admirativa de quem concorda integralmente com aquilo que um crítico anterior já disse, essa duração pode ser fruto de duas distorções diferentes. Pode estar ligada a uma espécie de marasmo intelectual de alguns segmentos, responsáveis pela permanência e aplicação de um mesmo aparato de análise após as circunstâncias já terem se modificado. Mas pode também ser explicada por um simples exemplo de descuido editorial: o recolhimento das páginas de jornais (destinadas a serem efêmeras) em antologias publicadas em livros e assim transformadas em documentos duradouros, por autores e/ou editores que não se preocupam em contextualizar o material escrito.

Com essa mudança de veículo, aquilo que era apenas um testemunho momentâneo, mero registro de valor histórico, simples comentário de ocasião que podia ser passageiro e se perder com o papel em que fora impresso e que no dia seguinte iria para o lixo, passa a ser visto como um julgamento seguro e definitivo, destinado a resistir ao tempo. Adquire foros de autoridade e passa a ser considerado quase como um fato incontestável, informando livros didáticos posteriores, que transmitem essa visão a outras gerações e a vastas camadas da população que, em sua maioria, nem sequer leram os textos que geraram as críticas e não têm a menor ideia do que realmente está sendo objeto daquela opinião.

As revisões contemporâneas sobre a obra de Jorge Amado estão começando a levar esse fenômeno em consideração e hoje já nos ajudam a fazer uma crítica da crítica.

José Maurício Gomes de Almeida, por exemplo, lembra que "nos idos de 30 o realismo se impunha quase como um dogma", obrigando a abrir mão da imaginação e do sonho — e a crítica da época refletia isso. Eduardo de Assis Duarte demonstra como a estratégia de Álvaro Lins em relação a Jorge Amado foi sempre a de apontar o que faltava na obra do escritor, somada a julgamentos subjetivos reiterados, usando termos como "miséria estilística", "desleixo da composição", "primarismo" e "despreparo".[4] Ivia Alves mostra a forte influência dos veementes juízos autoritários desse mesmo Álvaro Lins sobre a recepção intelectual à obra de Jorge Amado, e sua ressonância sobre mais duas gerações consecutivas de críticos.[5]

Atribui Ivia Alves esse influxo intenso tanto ao fato de Lins ter sido o crítico mais respeitado e temido desde os anos 1930 até o final dos 1950 (justamente a época em que a crítica pela imprensa foi mais marcante e influente entre nós) quanto à circunstância sintomática de ele não ter atualizado, na reedição de 1963 de seu livro *Os mortos de sobrecasaca*, os registros jornalísticos feitos sobre o romancista baiano que constavam da edição de 1943 — ao contrário do tratamento que o mesmo crítico deu a resenhas sobre outros autores, que contaram com notas finais, revelando a visão que deles tinha vinte anos mais tarde.[6]

Para a estudiosa, essa má vontade de Álvaro Lins em relação a Jorge Amado pode interferir muito na definição da permanência do nome do escritor e exercer um papel importante no processo de deixá-lo fora do cânone, sobretudo se considerarmos que serviu de referência a outros críticos influentes. Ela cita especificamente o caso de Wilson Martins, escrevendo a partir dos anos 1950 em *O Estado de S. Paulo*, onde, "envolvido com os critérios estéticos do modernismo e investido do poder de autoridade", lê Amado com ironia mordaz. Segundo ela, Martins se irrita porque Amado foge a seus modelos prévios de classificação e o deixa sem fôlego com sua capacidade de ir e vir. Por isso o crítico, marcado pelo ressentimento, parte para o comentário venenoso, a insinuação pessoal e agressiva. E deixa essas marcas para consultas posteriores, influindo sobre outros registros críticos. Coisa que não farei aqui, evitando repetir as insinuações. Marcas que o próprio Wilson Martins teve a honestidade e o cuidado de rever na posterior edição de seu livro sobre o modernismo.

Ainda segundo Ivia Alves, porém, leituras como as de Tristão de Athayde, Eduardo Portella, Haroldo Bruno, Malcolm Silvermann, Letícia Mallard, Roberto DaMatta e outros foram abrindo portas e comprovando que era possível ter outras visões, que pudessem começar a corroer a ressonância das palavras de Álvaro Lins e tirar de cena o que Eduardo Duarte denomina de "crítica de erros".

A situação vem mudando. Com alguns estudos mais recentes, passam a ser discutidos outros aspectos da obra amadiana e outras leituras se impõem. Pode-se agora até imaginar que uma reavaliação geral seja apenas uma questão de tempo. E que, mais dia, menos dia, em nosso século XXI, será inevitável que as grandes obras respeitadas, que se apresentam como de síntese sobre nossa literatura e acabam determinando o que compõe o cânone, se vejam chamadas a incorporar esses novos olhares e a reconhecer a necessidade de uma revisão da má vontade e do tom depreciativo que costumam entrar em cena quando se trata de abordar o papel de Jorge Amado em nossas letras.

Velhos ingredientes, novos temperos

A publicação de *Gabriela, cravo e canela*, em 1958, é considerada o marco inicial de uma nova fase na obra de Jorge Amado. Tem sido chamada de ponto de ruptura, *turning point* e coisas assim. Há razões para isso. Nessa ocasião, suas obras mais recentes eram justamente as que tinham apresentado a marca mais acentuada do compromisso partidário e do proselitismo, dando mais prioridade a um esforço de convencimento ideológico do que ao movimento interno de contar uma história. Foram elas as responsáveis por grande parte dos juízos negativos que continuaram a acompanhar o romancista no decorrer dos anos, muito depois de já ter se afastado desse caminho.

Como Jorge Amado mesmo comenta em entrevista a Lourenço Dantas Mota:

> Na primeira parte de minha obra, escrita até quando eu tinha trinta e poucos anos, a ação era sempre acompanhada de um discurso político. Eu queria convencer o leitor e não acreditava que a ação

fosse suficiente. Por isso, fazia uma espécie de discurso político ao lado. Esse discurso desapareceu depois da minha obra.[1]

São Jorge dos Ilhéus, de 1944, aparentemente apenas dava continuidade ao chamado ciclo do cacau que pouco antes tinha originado uma obra forte e expressiva como *Terras do sem-fim* (1943) e que mais tarde iria se prolongar em *Gabriela* e reverberar em *Tocaia grande*. Mas agora não havia mais o "enriquecimento" que a agudeza de Antonio Candido detectara como qualidade no romance anterior e atribuíra ao "enfraquecimento doutrinário". Pelo contrário, a intromissão da doutrina voltava a se reforçar, e com mão pesada. Ou seja, *São Jorge dos Ilhéus* é empobrecido e muitíssimo vinculado ao desejo de convencer ideologicamente. Confirmando e aprofundando essa análise, José Maurício Gomes de Almeida[2] constata que nesse momento "Jorge Amado não consegue — ou não deseja — manter, com relação ao seu universo ficcional, um mínimo de distanciamento, que lhe permita tratá-lo em termos artísticos e não simplesmente ideológicos".

O resultado, segundo o mesmo crítico, é desastroso, já que o autor transforma então o romance em veículo para pregação doutrinária e isso tem consequências nefastas sobre sua ficção, do ponto de vista literário. Gomes de Almeida analisa de perto e dá exemplos que sustentam sua tese, mostrando o constrangedor mal-entendido que se cria e transparece na obra, entre política e arte, calcado na banalidade e no melodramatismo fácil. E afirma: "Todos os estereótipos, todos os clichês da mais banal literatura doutrinária, são mobilizados, com a agravante de virem expressos em um estilo retórico, empostado, falsamente 'literário'".

Nos anos seguintes, os romances subsequentes, *Seara vermelha* (1946) e *Os subterrâneos da liberdade* (1954, trilogia escrita no exílio, na Tchecoslováquia), seguem pela mesma linha e, no dizer de Fábio Lucas, "exprimem o máximo compromisso do romancista com as teses do realismo socialista".³ Neste último o crítico aponta a culminação do sectarismo stalinista do autor e as certezas dogmáticas de sua pena. Também *Seara vermelha*, inspirado na vida do secretário-geral do PCB Giocondo Dias e dedicado a Luís Carlos Prestes, fica prejudicado por ser inegavelmente um romance de partido, e Aluysio Mendonça Sampaio revela que até mesmo a história do enredo foi arquitetada para comprovar uma tese partidária.⁴

Dessa forma, a trajetória do autor vinha seguindo um fechamento crescente, num campo cheio de certezas, sem espaço para questionamentos do leitor. Num procedimento que costuma ser fatal do ponto de vista literário, ela cada vez mais se transformava num monólogo autoritário, uma produção em que todas as peças se moviam dentro de um tabuleiro rígido, seguindo um roteiro preconcebido. Reduziam-se as possibilidades de ambiguidade e equivocidade que enriquecem uma obra de arte. Restava ao leitor apenas ler aquilo que o autor falava do herói, vê-lo numa sociedade que vive o conflito entre o capital e o trabalho, aceitar e concordar (ou não) com sua moralidade clara e fechada, feita de bons e maus, arcaicos e modernos, reacionários e progressistas.

O próprio autor confessaria mais tarde: "Fui stalinista de conduta irreprochável, subchefe de seita, se não bispo, ao menos monsenhor, descobri o erro, custou trabalho e sofrimento, deixei a missa em meio, saí de mansinho".⁵

Em *Navegação de cabotagem*, conta também o choque do primeiro susto, o pesadelo que tem ao descobrir a prática da tortura em 1951, em Budapeste: "Com febre e frio, atravesso a primeira noite de dúvida, o coração traspassado, o estômago embrulhado, ânsia de vômito; a polícia comunista me espanca e pisoteia, obriga-me a confessar o que não fiz. Assim começou minha travessia do deserto".

Em seguida, o processo de seu amigo, o escritor Artur London, na Tchecoslováquia, aprofunda o sofrimento dessa dúvida entrevista, que aos poucos vai sendo reiterada e exigindo malabarismos intelectuais e emocionais para conseguir ser relevada, ou vista apenas como dolorosa exceção — e não como prática sistemática e oculta.

Em 1956, entretanto, as dúvidas viram certezas e passa a não ser mais possível atribuir os sucessivos horrores a um eventual desvio individual e localizado. "O discurso de Khruschóv no XX Congresso do Partido Comunista Soviético, desmascarando Stálin como genocida matador de milhões de pessoas, foi um soco na cara de Jorge Amado", como conta Darcy Ribeiro,[6] por mais que o romancista em suas andanças pelo Leste já tivesse ouvido alguns rumores e suspeitasse ou temesse sua veracidade. Mas foi também uma libertação dos dogmas e da disciplina que crescentemente ameaçavam sua obra nessa fase. Deixou de militar no Partido Comunista. Ficou para sempre desconfiado daquilo que passaria a perceber de longe e a identificar e classificar como sectarismo de esquerda, e se conservou sempre cético quanto a seus seguidores — mantendo suas reservas até mesmo em relação a ícones raramente criticados, como Álvaro Cunhal em Portugal, Fidel Castro em Cuba e o Luiz Inácio Lula da Silva no Brasil dos anos 1980.

Esse processo de desencanto e de queda na realidade teve seu preço. Por um lado, foi tratado como traidor e vendido e desencadeou uma atitude de caçada e perseguição em ex-camaradas que saíram "fazendo sua caveira", sob o lema do "Vamos acabar com ele", como afirma em *Navegação de cabotagem*. Mas, por outro lado, o romancista ficou livre, sem com isso trair suas convicções profundas, como explica na mesma entrevista, anos mais tarde:

> Quero o socialismo, porque com ele não haverá fome, não existirá essa terrível miséria nordestina. Mas hoje não mais abro mão da liberdade em troca disso. A palavra mais aí é importante, porque quando jovem eu aceitava isso. Mas chega um momento em que se

quer as duas coisas, que haja comida e liberdade. Infelizmente, em geral, não há nem liberdade nem comida. Também no mundo capitalista não há muita liberdade. Ela é muito limitada. Muitos dirão que é impossível socialismo com liberdade e responderei que se trata do direito ao sonho.[7]

Convém ter em mente essa travessia e esse processo de despertar do pesadelo para que se possa entender melhor o desenvolvimento de sua obra a partir de então. A reação polêmica que muitas vezes despertou, feita de cobrança doutrinária e patrulhamento ideológico, seguramente não contribuiu para clarear a paisagem, multiplicando acusações (não raro torpes) e insinuando motivos comerciais para uma espécie de "súbita conversão capitalista" em uma obra que passaria a ser, segundo essa ótica, um abandono do povo brasileiro e uma escolha de modelos comerciais e exóticos destinados a atrair turistas para uma Bahia de cartão-postal povoada de mulatas sensuais.

Mas não custa lembrar: *Gabriela, cravo e canela*, escrito nessa ocasião e publicado em 1958, é fruto desse momento, reflexo desse movimento de abrir gaiola e sair voando — como faz a heroína com o passarinho que ganha de presente. Entretanto, convém evitar o engano: não se trata de uma ruptura radical, uma negação da obra passada. É uma mudança de tom, mas também assinala o início de um processo que prolonga e aprimora algo que já vinha sendo construído antes. O olhar se aprofunda e percebe matizes até então menos iluminados, o sorriso não se envergonha de virar gargalhada franca, a celebração da vida amadurece. Mas os elementos subterrâneos que irrigam toda essa safra já vinham desde antes. E se irradiarão, fecundos, por toda a obra posterior do romancista.

O foco continua dirigido à mesma economia cacaueira já apresentada sob diferentes aspectos em *Terras do sem-fim* e *São Jorge dos Ilhéus* (a epopeia do desbravamento e conquista das terras, a tragédia da exploração dos trabalhadores, o processo de urbanização e a chegada dos exportadores), agora incidindo sobre as transformações políticas e sociais da cidade de Ilhéus, o jogo de interesses da política estadual e da manutenção do poder da capital, o enfraquecimento do coronelismo. De certo modo, pode-se dizer também que o romance prolonga *Seara vermelha*, ao se abrir com a caminhada dos retirantes atravessando a pé o sertão, na tentativa de escapar da seca, chegar a uma cidade, procurar trabalho que permita sobreviver.

Um desses retirantes é Gabriela, protagonista feminina que irá crescer com o tempo e com o desenvolvimento da narrativa, mas que, de início, entra em cena discretamente. Com ela, as mulheres passarão ao primeiro plano na ficção de Jorge Amado. Porém ela não surge do nada, de repente. Faz parte de uma galeria feminina poderosa, que já vinha de romances anteriores. E, no próprio livro a que dá título, tampouco está sozinha.

Como relembra o autor:

> Quem sabe, Senhora, de todas as figuras de mulheres por mim criadas, de Maria de *O país do Carnaval*, a Rosa de Oxalá da *Tenda dos Milagres*, passando por Linda, pela Moça de Azul, por Rosenda Rosedá e Lindinalva, talvez sejam essas mulheres dramáticas de *Mar morto*, à espera da notícia da morte dos maridos cobiçados por Iemanjá num mar de temporais, Lívia, Esmeralda, Rosa Palmeirão, Maria Clara, talvez sejam elas as minhas preferidas.[8]

De um ponto de vista externo, as ancestrais mais imediatas de Gabriela são Marta e Zefa, de *Seara vermelha*, como ela sertanejas retirantes. "No entanto", como afirma Eduardo de Assis Duarte,

> sua construção está lastreada em várias figurações anteriores de um feminino que tinha sempre destacada sua *força* — Linda, em *Suor*;

Lívia, em *Mar morto*; Mariana, em *Os subterrâneos da liberdade* — ou denunciada a condição de *objeto sexual* —, Maria do Espírito Santo, em *Suor*, as três irmãs prostituídas, em *Terras do sem-fim*; Marta, em *Seara vermelha*.[9]

Mas a linhagem definitiva de Gabriela é outra e aponta também para o futuro. Insere-se na saga de Ilhéus e ajuda a fundar uma nova dinastia feminina. Faz parte de uma história que começou antes da sua chegada à cidade e que a narrativa sublinha em uma sofisticada construção, bem diversa da linearidade simplória que alguns teimaram em continuar a ver no romancista.

O romance começa e acaba falando em outra mulher, Ofenísia, personagem que, aparentemente, não tinha entrado na história, como no verso da "Quadrilha" de Drummond. Nem entra. Vivera no século XIX e sua lembrança é evocada apenas como uma lenda e referência, distante mas onipresente, da qual se parte e à qual se retorna sempre, circularmente. O primeiro capítulo, intitulado "O langor de Ofenísia", faz a personagem entrar em cena por meio de um rondó. Coisa bem antiguinha. E bem adequada a essa história que aos poucos é relembrada: uma donzela local, fidalga e virtuosa, que se apaixonara por d. Pedro II quando o imperador visitara a região e fora correspondida, mas cujo irmão impedira qualquer aproximação entre os dois. Obediente e passiva, ela se limita a sofrer, recordando de longe o amado, e acaba morrendo de desgosto pela impossibilidade de seu amor platônico e proibido.

Mas, na verdade, a ação local do livro não se passa no tempo do imperador. Começa mesmo é com a história de Sinhazinha, cujo desfecho aparente ocorre no exato momento em que se inicia o romance, em 1925 mesmo, mas cujo ponto final verdadeiro só virá com o julgamento de seu matador, reservado para o final da narrativa. Ela é a esposa do coronel Jesuíno e, flagrada em adultério (só de meias pretas!), é morta a tiros pelo marido, ao lado do amante. A cidade toda comenta o acontecido e relembra que ela é uma prima distante de Ofenísia, cuja trágica morte por amor se reproduz, de certa maneira. Como se houvesse uma maldição do sangue. A punição imediata e exemplar por meio do assassinato é recebida com aprovação geral, sendo até mesmo exigida por todos. A vítima é vista como criminosa e culpada, o assassino é inocente e justiceiro. E todos sabem que o matador será absolvido quando for a juízo, como sempre ocorreu com todos que o antecederam nas mesmas circunstâncias. Todo mundo conhece perfeitamente os costumes locais. Há um monólito de certezas: sempre foi assim e sempre será.

Quem atrai as atenções gerais, no entanto, é outra mulher, Glória. Foco do capítulo seguinte, "A solidão de Glória". Ex-prostituta, tirada da vida para ser a amante teúda e manteúda que o coronel Coriolano deixa encerrada como prisioneira na casa da cidade, à sua espera para quando vem da fazenda. Tem que ser fiel, obediente, estar disponível. Mas vive na janela com seu decote generoso, oferecida e sensual, objeto do desejo masculino dos passantes que se multiplicam, acinte para as mães de família. Insinuante, acaba traindo o coronel em um romance secreto que a cidade aos poucos vai descobrindo. Mas ao ser flagrada por seu amo e senhor, que a sustenta, após uma cena a portas fechadas, surpreende os que esperavam uma tragédia e vai-se embora com o novo amante. Fica evidente que o castigo de uma prostituta não precisa ser tão rigoroso quanto o de uma esposa. Basta que ela perca as vantagens materiais.

Nesse quadro é que se insere Gabriela, livre, alegre, sensual, atraente, sedutora por natureza, alguém que exala prazer em todos os aspectos do corpo (forma, cor, movimentos, cheiro, voz). É jovem e linda, cozinha divinamente, gosta de andar descalça, de dançar, rir e brincar. Um monumento vivo ao erotismo sadio. Pinçado do repertório dos estereótipos de mulata? Talvez. Mas com algumas ligeiras torcidinhas, os tais desvios inesperados de que falamos. Para começar, o dono do botequim que é seu patrão e se apaixona por ela não é português, mas árabe. E ela não é apenas objeto do desejo, mas sujeito desejante.

Mais significativa ainda é outra diferença: ao contrário da situação clássica em que a mulher quer sempre casar e o homem foge do altar, aqui quem não liga a mínima para a possibilidade de se tornar respeitável é ela, quem deseja o matrimônio é ele. Para poder domesticá-la, dominá-la e ser dono dela. "Tomar conta do que é seu", nos termos do autor, cujo olhar atento está detectando nos costumes de Ilhéus uma encruzilhada comportamental. Ou uma escada que vai sendo galgada degrau a degrau pelas mulheres, examinadas em histórias exemplares que se sucedem e entrelaçam e apresentadas ao leitor de modo que seria quase didático, hipótese a hipótese, se não fossem tecidas com tanta graça e sedução, a ponto de se converterem em puro prazer e disfarçarem o que o autor tem intenção de demonstrar.

O fracasso de Nacib nessa domesticação de Gabriela vai se anunciando aos poucos. Ela não tolera ser presa, de forma alguma, nem mesmo por prisões que se apresentem como promoção social. Qualquer limite à liberdade contraria sua natureza, como já haviam constatado os retirantes, seus companheiros da caminhada pelo sertão. Limitada em seus movimentos pela respeitabilidade que Nacib lhe outorgou sem que ela a reivindicasse, Gabriela começa a sair escondida, para encontrar seus próprios amigos, ir ao circo ou dançar. Vai mais além e acaba rompendo a neutralidade política do marido. Finalmente é descoberta na cama com um amante.

Quando a expectativa geral é de um justiçamento exemplar, como os outros já testemunhados, nos moldes dos costumes locais, o romance revela o desvio, sinal dos novos tempos. "Basta uma surra" no primeiro momento. Em seguida a solução vem por um viés inesperado, por meio do humor e da crítica irônica, demonstrando que a respeitabilíssima instituição do casamento não passava de uma fachada conveniente, baseara-se num erro de identidade.

Do conflito iminente e inevitável, passa-se a uma negociação frutífera. Malandramente, por meio de uma associação esperta entre marido e amante e seguindo uma sugestão deste, o matrimônio pode ser anulado sem nenhuma dificuldade. No fundo, não existira mesmo. Nunca chegara a ser. Sem ser esposa, Gabriela pode viver a liberdade do seu desejo, de volta à condição de empregada de Nacib, também agora livre da obrigação de manter a imagem de marido respeitado. Uma comédia de erros e ambiguidades. Mas também uma utopia em forma de farsa, como assinala Ilana Strozenberg em "Gabriela, cravo e canela ou As confusões de uma cozinheira bem-temperada".[10]

O passo adiante é dado por outra mulher do mesmo romance: Malvina. Já tinha dado mostras de seu espírito independente quando foi a única moça de família da cidade a comparecer ao enterro de Sinhazinha. Igualmente, foi sua a iniciativa de terminar o namoro com o professor Josué quando este começou a querer enquadrá-la e mandar nela. Mais tarde, quando descobre que o namorado engenheiro é casado, tem a atitude inesperada: larga o sujeito, enfrenta o pai e decide ir para São Paulo viver sozinha e trabalhar para se manter. Aponta um caminho feminino ainda não trilhado, nem mesmo pela Lívia de *Mar morto*, que herdara o saveiro do marido e fora trabalhar no mar para seu sustento. Malvina recusa o exemplo materno e a autoridade masculina, rejeita a dicotomia que teimava em só lhe oferecer as alternativas de ser mulher de família ou prostituta, confia na própria capacidade empreendedora e sai para o vasto mundo. Mais que isso, o faz por uma escolha consciente: "Malvina jurara, apenas mocinha, que com ela não seria assim. Não se sujeitaria. [...] Dera-se conta da vida das senhoras casadas, igual à da mãe. Sujeitas ao dono. Pior do que freira. Malvina jurara para si mesma que jamais, jamais, nunca jamais se deixaria prender".

É também enfrentando a autoridade materna (e, juntamente com a irmã, fazendo questão de ter seu próprio trabalho que lhes garanta independência) que depois, em outro livro, dona Flor terá condições de se impor, achar mais uma possibilidade de saída divertida para o eterno impasse do dualismo excludente, e com isso conseguir ser esposa e amante ao mesmo tempo. E é optando por ser livre e não se submeter a ninguém que em outro romance Tieta constrói sua saída — no quadro da prostituição, mas não como vítima e sim como senhora de um caminho empreendedor livremente escolhido, que a transforma em grande executiva e possível benfeitora do lugar.

Mais uma vez vimos como, na melhor tradição do folhetim e de suas matrizes populares, o romancista não tem nenhum problema com a repetição de motivos, não vê a imposição da originalidade como um mandado intelectual obrigatório. Não se incomoda de recorrer ao arsenal de estereótipos a que o público está acostumado e de oferecer aos leitores mulata após mulata, todas belas, jovens, sem filhos, sensuais, alegres e desinibidas. Da mesma forma, muitas vezes as fará encontrar malandros simpáticos e mulherengos, marginais sedutores, jogadores incorrigíveis, como Vadinho ou cabo Martim, de *Os pastores da noite*.

Da mesma forma, quando necessário, com a maior naturalidade irá buscar seu material por meio de um recurso infalível do folhetim e do romance popular: aquilo que se costuma chamar de "pilhagem dos clássicos", vistos em seu conjunto como um depósito que oferece todos os temas, personagens e situações, permanentemente à disposição. Basta escolher e usar. Pode ser no *Oliver Twist*, de Dickens, como já citamos, ou em *O cortiço*, de Aluisio Azevedo (uma das fontes de *Suor*), na *Madame Bovary*, de Flaubert (tanto em *Terras do sem-fim* como em *São Jorge dos Ilhéus*), em

Romeu e Julieta (como em *O sumiço da santa*), em *Lisístrata*, de Aristófanes, e sua greve do sexo (*Tereza Batista*).

O que vai distinguir Jorge Amado, no entanto, e imprimir a marca autoral nesse processo — sobretudo na sua segunda fase — é que essas figuras estereotipadas entram em cena sem pedir desculpas, aproveitam a vantagem de já serem conhecidas e esperadas e vão viver em situações que podem ser reconhecidas, mas logo começam a se movimentar em novos mecanismos de relacionamento que quebram por completo os estereótipos. As surpresas que ele nos oferece são de outro tipo, não estão no uso do estoque, na escolha do repertório em si. Estão no arranjo novo com que ele nos faz ouvir esse repertório, revelando harmonias insuspeitadas e ricas.

Roland Barthes costumava ensinar que o estereótipo é o veículo por excelência da ideologia. Segundo ele, quanto mais uma obra se limitar ao eixo da redundância, na reiteração de soluções já testadas, mais carga ideológica terá, mais dócil será para ser utilizada como simples repetição de banalidades e perpetuação de palavras de ordem que, por sua própria previsibilidade, deixam de ter qualquer efeito inovador e transformador. Precisam estar sempre repisando o óbvio. A veiculação ideológica abomina o protótipo e chafurda no estereótipo.

A criação artística, ao contrário, só pode exercer-se, em sua plenitude, fora das certezas confortadoras trazidas pelos recursos de sempre, usados da maneira de sempre. E, ao incorporar o político em seu universo, passa a enfrentar o desafio de buscar "uma forma de presença no discurso do político que não seja repisante" (nas palavras de Barthes) mas que, ao mesmo tempo, ao tentar fugir dessa armadilha de uma linguagem da dominação, consiga não cair na arrogância discursiva da linguagem do triunfo.[11]

Essas são questões críticas muito interessantes e específicas, ainda que possam parecer reflexões um tanto teóricas e acadêmicas para a grande parte da população que constitui a maioria do público leitor de Jorge Amado. Parece útil, porém, trazer à baila essas considerações neste momento porque um exame da obra amadiana não tem como evitar a discussão do papel que nela desempenham as preocupações políticas. Essa discussão, aliás, costuma ser travada. Mas na maioria das vezes acaba sendo insatisfatória, por se limitar a uma espécie de julgamento, a discutir se ele estaria certo ou errado no seu engajamento — quando não resvala abertamente para uma forma de torcida do leitor, que se identifica com uma ou outra posição, defendendo ou criticando "posições progressistas". Entretanto, raras vezes se incorpora nesse debate a análise da dimensão da linguagem narrativa ou da criação literária — aspectos que quase sempre são deixados para ser discutidos em outros contextos, quando se focaliza Jorge Amado. Como se fossem coisas separadas, existindo em universos autônomos.

Com frequência, parte-se do princípio de que as coisas são assim mesmo. Reconhece-se, como premissa, que Jorge Amado não é um autor de vanguarda e nunca pretendeu sê-lo. Então, não teria sentido ficar procurando novidades ou marcas de elaboração literária em seu texto. Melhor falar de outras coisas. As exteriores e bem visíveis, de preferência: temas, cenários, paisagens, personagens. Com isso, entretanto, talvez estejamos perdendo algo que é mais sutil e fecundo, e que essas observações de Roland Barthes podem ajudar a iluminar.

Se a veiculação pura e simples da ideologia prefere o caminho da redundância, da repetição e do "discurso repisante", também pode ser verdade que, quanto mais um autor se afastar das intenções proselitistas e doutrinárias, mais tenderá a deixar para trás o estereotipado e a se aproximar da criação de protótipos. É interessante observar a força com que a obra de Jorge Amado comprova essa hipótese.

Nesse sentido, o que me parece uma marca própria do autor (extremamente atraente, por sinal, do ponto de vista do leitor) é o uso criativo que ele faz dos estereótipos para corroer o estereotipado. As paisagens baianas — da cidade, do sertão ou da beira do mar — podem corresponder ao já esperado, até mesmo por já terem sido usadas por ele próprio em obras anteriores. As personagens também, de início, podem aparecer como conhecidas e já encontradas antes. Mais que isso, à primeira vista, pode-se até ter a impressão de que já conhecemos aquela situação em que se encontram, inclusive com coincidência de detalhes e, em alguns episódios, de cenas inteiras. É o caso do malandro que morre logo no início da história (tanto na morte de Vadinho como na de Quincas), ou do velório em que o efeito da bebedeira faz alguém ver o morto se mexer (cena que, antes de ser o eixo narrativo de *A morte e a morte de Quincas Berro Dágua*, já fora ensaiada em *Jubiabá*). Ou a greve de bondes (em *Jubiabá*) que reaparece de outro ângulo (em *Tenda dos Milagres*). No entanto, o que irá distinguir cada caso é que os personagens são vivos, cada um é uma pessoa. E cada pessoa é diferente, tem sua própria história, sua maneira de vivê-la. A sensação do leitor é que, com a liberdade de ser fiel a si mesmo, com suas contradições únicas e pessoais, cada personagem vai crescendo, ocupando novos espaços, se expandindo em seus próprios termos e, no próprio desenrolar de seu desenvolvimento, vislumbra diferentes possibilidades imaginativas que lhe permitem sugerir ao autor saídas ainda não testadas.

No decorrer desse processo, como vários críticos assinalaram com razão, o romancista foi alargando seu espectro e passando do romance político ao romance de costumes. Ao fazer isso, muitas vezes, não é surpreendente que tenha operado uma troca de ênfase nos registros linguísticos utilizados — até mesmo por uma ampliação da representação mimética, com a representação de mais vozes e mais variadas. Ao deixar em segundo plano a intenção de convencimento político imediato, abandonou certa oratória vazia que utilizara, a dos tais discursos políticos a que ele mesmo se referia. Também diminuiu a ênfase na grandiloquência épica da celebração de grandes lutas. Os momentos líricos continuaram a existir, mas passaram a ser envoltos em outro tom que viria a dominar: o humorístico.

Novos temperos, portanto, irão marcar a obra amadiana a partir da libertação representada por *Gabriela*. Mesmo que sua cozinha ainda se faça com a utilização dos ingredientes de sempre, após uma visita matutina ao mesmo mercado popular, onde os gêneros de todo dia ostentam o frescor do recém-colhido ou o aroma insubstituível do recém-pescado, há novas receitas sendo inventadas. Os requintes de sutis gradações desenvolvidas na prática cotidiana e a experimentação com eventuais especiarias somarão saberes e sabores. Com isso, o resultado será outro, e delicioso.

Tematicamente, a partir de então, o autor amplia e enriquece seu universo, seguindo um processo em cadeia em que cada elo anterior o leva ao elo subsequente. Sua obra entra no que Eduardo Portella chamou de tempo de motivação pluridimensional.[12] A análise das questões de classe na sociedade cede a primazia ao exame dos costumes e a um foco em questões de gênero e de etnia — bem antes que tais temas entrassem na moda como consequência das inquietações e preocupações com os direitos das minorias que se alastraram pelo mundo no final dos anos 1960.

É como se, de alguma forma, a sensibilidade do autor, ao se livrar de um modelo que reduzia tudo à luta de classes, passasse então a perceber que há muitas outras formas de dominação na sociedade brasileira, todas merecedoras de sua atenção. E, assim, sentisse necessidade de incorporar outras narrativas marginais, oferecendo suas páginas a outras vozes subalternas. As leis econômicas determinativas ou as motivações ideológicas que tudo condicionavam deixam de ser o único móvel da ação dos personagens, e as relações interpessoais crescem de importância.

Também muda o tom dos romances, como mencionamos. Cada vez mais, o humor estará presente, como se o autor renunciasse às pompas engravatadas e levasse cada vez menos a sério os solenes discursos cheios de promessas e certezas intelectuais. Não as substitui, porém, pelas graçolas rasas de um humor gratuito e passageiro. Muitas vezes a organização de toda a narrativa se faz em torno da presença estruturadora de uma comicidade crítica, que vai além do cômico superficial, cresce para a sátira social, aprofunda o picaresco e chega ao grotesco. Um humor libertário, muitas vezes fundido ao onírico e delirante, seja por meio de estados alterados da consciência (da bebedeira ao transe), seja pela intensidade da emoção na corda lírica retesada (a saudade de dona Flor que torna seu amor por Vadinho mais forte que a morte), seja pelo coro coletivo que multiplica suas vozes e máscaras em sucessivas contribuições cômicas, como uma grande trupe de palhaços saltimbancos.

Francamente irreverente, Jorge Amado finca raízes em sua terra e seu universo marginal de vagabundos, prostitutas, bêbados, malandros, jogadores. Mergulha cada vez mais fundo na exploração das saídas — idealizadas ou não — que essa marginalidade oferece: a solidariedade e a rede de amizades, o humor em todas as suas formas, a transcendência religiosa por meio do sincretismo afro-brasileiro, a criatividade de uma cultura mestiça, o corpo com seus prazeres e desejos e com sua possibilidade de atuar como uma forma de contato com o além e de recebimento da divindade.

De surpresa em surpresa, essa gente toda vai chegando e vem trazendo oferendas e presentes. Pouco a pouco, fazem a festa do grande banquete junta-prato em que a obra amadiana vai se transformando. Somam-se às matrizes populares e tradicionais que o romancista trazia de sua infância e adolescência, mesclam-se a suas leituras e suas vivências de exílio, fundem-se com as novas perspectivas das experiências transformadoras desse autor, a essa altura já bem à vontade para se aceitar como um escritor solar.

Cada um a seu jeito, vão todos reforçando a constatação de que o caminho se faz ao caminhar (como no verso do poeta Antonio Machado), ou de que a gente aprende mesmo é futucando — como ensina a sabedoria popular. E desandam a inventar moda.

Nesse caminhar, fazem algumas descobertas cruciais. A principal talvez seja a de que não dá para reduzir a aventura humana à obrigação de sempre optar irremediavelmente por isto ou aquilo. Por que a gente tem de escolher sempre?, pergunta dona Flor. O impossível não há, ensina Quincas. O romancista concorda com eles, intromete-se cada vez mais em seus livros, traz seus amigos e conhecidos da Bahia para passear pelas páginas dos romances, funde gêneros literários, mistura tudo e entra na festa. Em vez de querer explicar a sociedade brasileira em grandes painéis sobre lutas de classe, movimento sindical, reivindicações grevistas, ou o funcionamento das instituições, passa a conversar sobre as relações entre as pessoas, a ouvir o que elas têm a contar, a se divertir com isso.

Brincando, brincando, suas janelas abertas para a gente da Bahia acabam trazendo ao leitor um espelho onde se mira um Brasil possível. Ou, ao menos, eventual e sonhado. Mítico, talvez. Mas forte, eloquente e significativo como todo mito.

Um e outro (e mais outro ainda)

Em seguida a *Gabriela, cravo e canela*, Jorge Amado deixa um pouco de lado a região do cacau e volta à cidade de Salvador, com a publicação de *Os velhos marinheiros*, um livro passado na capital baiana. Um livro? É, um volume mesmo, com esse título, nesse momento. Mas também são dois, que mais tarde serão separados e publicados com os títulos das duas novelas que o compunham: *A morte e a morte de Quincas Berro Dágua* e *Capitão de longo curso*. Na verdade, por extenso, *A completa verdade sobre as discutidas aventuras do comandante Vasco Moscoso de Aragão, capitão de longo curso*. Os três títulos são um ótimo exemplo de como podem ser enganadoras essas informações numéricas pretensamente objetivas que tanto vêm atraindo alguns jornalistas hoje em dia. "Quantos livros o senhor publicou?", querem sempre saber. Na hora de responder, como deveria Amado contabilizar esse caso? Como um? Dois? Três? E *Os pastores da noite*, mais tarde? Irá desmembrar uma de suas três novelas em um volume desgarrado, *O compadre de Ogum*. Como deveria ser contado esse trabalho? Como um? Dois? Quatro?

A quantidade não tem nenhuma importância, mas é irresistível assinalar essa oscilação numérica. Não deixa de ser sintomático. Dois e dois começam a não ser só quatro. Por coincidência, justamente nesse momento vai se tornando evidente que Jorge Amado está interessado em multiplicações e envereda cada vez mais pela recusa da clareza dualista e da exatidão maniqueísta que caracterizava a maior parte de seus primeiros livros.

Mais que isso: ao evitar a moralidade estática e pré-fabricada que permitia dividir o mundo entre bandidos e mocinhos, ele passa a incorporar a suas histórias uma dinâmica revigorante, capaz de trazer a sua obra uma energia nova, feita de insuspeitadas variações e movimentos incontáveis. São inúmeras as possibilidades imaginárias que se manifestam então, em uma pluralidade de escolhas que se somam mas não se eliminam, e criam um elenco relacional extremamente rico e fecundo.

O dualismo quase mecanicista de tese e antítese já dera sinais de suas limitações num livro com o sopro épico de *Terras do sem-fim*, por exemplo, quando era quase inevitável admirar a grandeza dos coronéis desbravadores da região do cacau, por mais autoritários e violentos que fossem.

A partir de *Gabriela, cravo e canela*, esse quadro que era de opções excludentes muda de natureza e passa a ser um dualismo ambíguo, prenhe de sugestões a serem exploradas. Com sabedoria e manha, o romance amadiano incorpora a equivocidade dessas vozes diversas que chamam com a mesma intensidade (*equi-vocus*), atraindo os incautos para caminhos igualmente tentadores e merecedores de atenção. Já vimos que Gabriela casa e não casa, é livre quando tem patrão e prisioneira quando é senhora. Mas não é apenas ela que reverbera em ambiguidade pelas páginas da narrativa. Em cada nova história, os personagens passarão a ter essa marca.

Da mesma forma, seu Aragãozinho se recusa a aceitar a mesmice melancólica da realidade cotidiana e constrói no sonho seu próprio universo mágico e sedutor, onde é o comandante Vasco Moscoso de Aragão. Cria um mundo feito com tal força onírica que passa a despertar os sonhos dos outros e, mais que isso, quando bate de frente com a realidade que deveria desmascará-lo, termina por se sobrepor a ela, já que a verdade do sonho se impõe como mais poderosa. Quando o desfecho parece se encaminhar em tons dolorosos para o drama, revela-se que apenas o sonhado tinha razão diante dos perigos reais, contra toda a lógica e todas as instruções dos manuais, na grandiosa surpresa que resgata a exaltação onírica e confirma a sabedoria dos clássicos que, de Shakespeare a Calderón de la Barca, *já* insistiam que a vida é sonho.

Analogamente, Quincas morre e não morre, em duas mortes depois de ter vivido duas vidas. Ou mais, merecedor que é do título de "recordista da morte, um campeão do falecimento", com que o distingue o autor. Mas duas de suas mortes são mais evidentes e chegam a batizar a novela. Uma como o funcionário exemplar e respeitável chefe de família Joaquim Soares da Cunha, outra como Quincas, o rei dos vagabundos da Bahia, cachaceiro-mor de Salvador, senador das gafieiras, patriarca da zona do baixo meretrício — "o pai da gente", um homem tão bom, como lembram os marginais enquanto corre de mão em mão a garrafa de cachaça grátis de seu velório. Morto para uma dessas vidas, renasce para a outra. Morto para a segunda, recusa-se a morrer, renega a morte em que o querem fazer renascer para a primeira vida, e escolhe o impossível que não há, o possível que sempre pode haver — graças à amizade, ao sonho, ao humor, aos prazeres, à festa, aos rituais, ao Carnaval. Forças capazes até de fundir Arlequim (como Vadinho ou Quincas) e Pierrô (como Teodoro ou Joaquim), fazendo-os conviver em tom de farsa, movendo-se entre desordem e ordem, graças a um narrador malandro num texto dialógico, como sugere Affonso Romano de Sant'Anna.

Em seu fértil estudo sobre a novela, Sant'Anna introduz um instrumental que passará a ser indispensável para uma leitura crítica de Jorge Amado a partir de então e não poderá mais ser ignorado: a contribuição trazida aos estudos literários por Mikhail Bakhtin, com o conceito de carnavalização. Trata-se de um aparato teórico que o crítico russo desenvolveu para estudar Dostoiévski — e aprimorou ao aplicá-lo para entender a obra do francês Rabelais e a cultura popular medieval — e que tem tudo a ver conosco aqui no Brasil, esta terra que em seu primeiro romance, lá em 1931, Jorge Amado (um autor brotado e alimentado na cultura popular) já batizara como *O país do Carnaval*.

Tanto Affonso Romano,[1] a propósito de *A morte e a morte de Quincas Berro Dágua*, como Roberto DaMatta,[2] focalizando *Dona Flor e seus dois maridos*, utilizam as trilhas da carnavalização, abertas por Bakhtin, num fecundo aprofundamento da leitura de Jorge Amado. O primeiro faz uma esplêndida análise literária da novela, examinando a construção da narrativa e a inserindo numa tradição da literatura que vem da sátira menipeia e de antigos mitos egípcios, passa por Rabelais e pela *commedia dell'arte* italiana e encosta no *Macunaíma* de Mário de Andrade e em Manuel Bandeira. O segundo, antropólogo, liga suas observações à sua busca de interpretação da sociedade brasileira de um ponto de vista sociológico. E constata a riqueza que a obra de Jorge Amado apresenta nesse contexto.

Vinculando o romance amadiano a suas reflexões sobre o papel que desempenham na cultura brasileira os conceitos de casa, rua e outro mundo, DaMatta faz algumas sugestões muito instigantes. Discerne nessa segunda fase da obra de Jorge Amado

as triangulações que caracterizam uma outra vertente interpretativa do Brasil, vertente menos oficial e erudita, mas muito mais próxima da experiência cotidiana e popular, que não usa dois, e sempre lança mão de três elementos para realizar uma leitura do Brasil. Nela, o Brasil é lido por meio do sim e do não e *também* por intermédio de triângulos ideológicos que [...] *institucionalizam o intermediário*, como provam as nossas triangulações entre céu-inferno-purgatório, preto-branco-mulato, preto-branco-índio, casa-rua-varanda, casa--praça-rua, homens-despachos (ou sacrifícios)-deuses, virgem-mãe--puta, casa-padrinho-governo, parentes-amigos-desconhecidos, caxias-malandro-renunciante, sim-mais ou menos-não.[3]

Roberto DaMatta chama essa fase de carnavalizadora e assinala que nela o autor abandona os heróis exemplares e politicamente corretos que deviam servir de modelo ao leitor e em seu lugar põe em cena uma súcia de marginais ligados por relações de amizade, pelo amor à vida e por sua luta contra os preconceitos de uma elite que acredita que o mundo pode ser resumido numa fórmula ou se resolver num "passe de mágica ideológico". DaMatta se detém com mais vagar na análise de *Dona Flor e seus dois maridos*, que chama de romance relacional exatamente por privilegiar o vínculo entre os personagens e a teia de relações. Mas suas observações valem também para as soluções trianguladas vistas em outros exemplos da ficção de Jorge Amado, como em *Gabriela, cravo e canela* ou nas novelas de *Os velhos marinheiros*.

Valem também para a deliciosa solução do triângulo amoroso que se entrevê em *Os pastores da noite*, quando Curió quase enlouquece de paixão (aparentemente correspondida) por Marialva, a proibida mulher de seu grande amigo cabo Martim, e, a ponto de sucumbir em definitivo à tentação e passar às vias de fato, discute o assunto com os outros amigos comuns, como Jesuíno e Galo Doido. Eles não percebem que a jogada da mulher é tentar provocar ciúmes em Martim para dominá-lo por completo e levá-lo a assumir um compromisso mais sério e vantajoso para ela, mas, em conjunto, os amigos decidem que só há uma saída, a da lealdade: Curió tem que falar francamente com Martim. Vale lembrar que se trata de uma solução bem diferente da que se vira em *Mar morto*, quando Guma não resistiu ao assédio de Esmeralda, mulher de Firmino, e cometeu o maior crime possível para a ética do cais — a traição de um amigo. Isso então não deixava ao autor outra saída a não ser matar o protagonista no final, como sacrifício expiatório no altar da amizade.

Agora, não. O momento não é mais de fórmulas conhecidas ou de comportamentos sociais que correspondam às expectativas, mas de ênfase nas relações e na invenção. Curió recorre aos amigos. Decidem que ele deve falar com Martim. Vai encontrá-lo em casa, e para isso sobe o morro como um toureiro que se prepara para o combate na arena, concentrado, vestido solenemente (sem a roupa de palhaço com que trabalhava na porta de uma loja popular), pronto para ser morto ou levar uma surra e causar enorme sofrimento ao seu irmão de santo. Enquanto isso, no botequim ao pé da ladeira, todos fazem suas apostas sobre o desfecho do enfrentamento. Surge então a inesperada triangulação nova. Martim está sentado, "de todo entregue ao espetáculo de melosa e amarelada visão de uma jaca mole, estendida na mesa. Acabara de abri-la e os bagos recendiam perfumados, o mel escorria sobre um pedaço de jornal posto na mesa para proteger as tábuas, todo o aspecto da fruta dava gula e desejo". Curió estava tresnoitado e sem comer nada, concorda com a sugestão de Martim: "A gente primeiro dá conta da jaca, depois conversa".

No decorrer dessa irresistível comunhão tropical, em que a gula e o desejo dos dois amigos coincidem e se somam ao convergirem para a fruta, Marialva chega para cobrar de Curió a conversa prometida. Faz cara zangada ao ver os dois comendo juntos. Martim consuma sua exclusão ao comentar que ela não gosta de jaca, é toda metida a se babar por maçã e pera, frutas bobas. Depois, palitando os dentes, quando finalmente começa a conversa terrível, Curió vai aos poucos encaminhando o assunto, e ouve a pergunta direta: "Tu andou comendo ela?". Dá a resposta leal: "Não comi, mas ela me apetitou". De bem com a vida, "Martim sentia-se generoso e bom como um cavaleiro antigo. Os melhores sentimentos enchiam seu peito um tanto opresso da muita jaca comida antes". Resolve abrir mão de Marialva e deixá-la com o amigo, recomendando-lhe que a levasse logo embora, porque não ficava bem deixá-la ali, em sua casa, com a fama ruim que ele tinha. Ou, melhor ainda, que o novo casal ficasse com a casa e tudo, que ele se mudava.

É o que basta para que Curió se arrependa. Confraternizando, os dois amigos dispensam Marialva, consideram tomar um trago para comemorar e ajudar a digerir a jaca, planejam uma festa com umas meninas do castelo e dão tanta risada que os amigos, lá embaixo, concluem que ninguém ganhou a aposta sobre o desfecho do encontro e é melhor "subir para saber por que terminava naquelas inesperadas gargalhadas a história do casamento do cabo Martim".

Mais um casamento que termina de maneira inesperada, portanto, agora reunindo uma jaca e dois maridos, para se somar às experiências de Gabriela e de dona Flor. E para ser lembrado lado a lado com as existências possíveis no sonho e na realidade — seja de Quincas, de Vadinho ou do capitão de longo curso. As tantas triangulações possíveis a que se refere DaMatta e que são também exemplificadas pelo convívio entre este mundo e o outro — um aspecto igualmente crescente no universo amadiano a partir de então.

Muito distante do tempo disciplinado em que o pai de santo Jubiabá tinha suas dimensões reduzidas por não se enquadrar na disciplina ideológica e partidária, agora Jorge Amado se sente mais livre para celebrar essas relações tão brasileiras do nosso sincretismo religioso, escancarado no candomblé, entre este mundo e o outro, entre caboclos, pretos velhos e santos. Já em *Terras do sem-fim*, Jeremias apontava os caminhos:

> Jeremias havia perdido a conta do tempo, já tinha perdido também a memória desses acontecimentos. Só não havia perdido a lembrança dos deuses negros que seus antepassados haviam trazido da África e que ele não quisera substituir pelos deuses católicos dos senhores de engenho. Dentro da mata vivia em companhia de Ogum, de Omulu, de Oxóssi e de Oxolufã, com os índios havia aprendido o segredo das ervas medicinais. Misturou aos seus deuses negros alguns dos deuses indígenas e invocava a uns e a outros nos dias em que alguém ia lhe pedir conselho ou remédio no coração da mata.

Em clara mistura sincrética com heranças dos santos europeus, já em outros romances da cidade de Salvador os orixás tinham desempenhado papel de relevo. Era o caso de Omulu em *Capitães da areia*, de Iemanjá em *Mar morto*, como será o caso de Exu em *Dona Flor e seus dois maridos*. Mas cada vez mais esses orixás ganham seu próprio espaço, se impõem e se misturam aos personagens humanos, interagindo com eles. Passam a povoar as narrativas e podem até se converter em seus protagonistas, com direito a batizar os livros e participar dos títulos, como qualquer mortal, de Gabriela a Tieta, passando por Jubiabá, dona Flor, Quincas ou Tereza Batista.

Para não deixar Negro Massu na mão, Ogum acaba tendo de fazer malabarismos do além, driblar as estrepolias de Exu e reconhecer um filho seu no próprio padre católico, em *O compadre de Ogum* — uma novela etnográfica e matriarcal, o primeiro grande mergulho em profundidade no mundo do candomblé, tratado com profundo respeito e sem nenhum aceno ao pitoresco. Mais adiante, Iansã faz o que popularmente se chama de "dar um chega pra lá" em santa Bárbara e toma a iniciativa de descer do andor para poder corrigir os desacertos do mundo, qual nova Quixote, em *O sumiço da santa*.

Os orixás e os rituais do candomblé, com todos os seus elementos, não estão nos livros, porém, apenas para trazer um pouco de duvidosa cor local. O mesmo se poderia dizer dos árabes que, de Nacib a Fadul Abdala, passando por Mamede, vão profusamente se espalhando e ocupando novos territórios nas narrativas até que Jamil Bichara, Ibrahim Jafet, Raduan Murat, Adib Barud e outros, às voltas com Adma, Samira, Fátima, ocupam com sua expansão o espaço de uma novela inteira (*A descoberta da América pelos turcos*, em que um sírio e um libanês — um islamita e um maronita — trazem sua experiência em negociações e oferecem suas inesperadas alternativas de tolerância e não dogmatismo).

Esses personagens vindos de outros lugares têm um papel a desempenhar no universo amadiano. Árabes e orixás ajudam a constituir eixos temáticos fundamentais que permitem ao autor desenvolver duas linhas que lhe são muito caras. De um lado, a celebração da mestiçagem cultural e todos os seus aportes. De outro, a crítica à negação do corpo e suas alegrias, exercida pelo moralismo hipócrita das beatas e pelo puritanismo tacanho de certos meios católicos (não todos, como o autor faz questão de ressalvar sempre, em personagens de sacerdotes positivos).

À vontade nessa total liberdade conquistada, Jorge Amado desconhece limites, movimentando-se solto. Leve, sem com isso ser superficial. Sua narrativa se sofistica, multiplica focos e variações de pontos de vista. Passa a fazer ótimo uso do estilo indireto livre. O narrador passeia pelo que narra, alterna perspectivas, muda de ângulo, aproxima-se ou se afasta de acordo com as necessidades do relato. Ziguezagueia, anuncia as peripécias que só virão no fim e depois conta com graça o anunciado. Às vezes se revela, às vezes se disfarça, brincando de esconde-esconde, usando diferentes matizes do humor para ampliar a profundidade ou alargar os horizontes do que narra. Elabora a narrativa de acordo com estruturas estilísticas complexas, por vezes meio barrocas, mas sempre envoltas na ilusão da simplicidade fluente. Segundo necessite, alterna primeira e terceira pessoa à vontade. Intromete-se pessoalmente no texto e traz seus amigos e conhecidos baianos como testemunhas que corroboram essa intromissão, como se estivessem ali para atestar a indiscutível realidade daquilo que poderia parecer sonho, invenção ou mentira de contador exagerado. Usa essa perda de neutralidade como um recurso a mais para o adensamento do que conta.

Por mais que continue, ironicamente, a dizer que não passa de um simples contador de histórias, qualquer leitor que, a partir dessa época, se aproxime de seu texto com um pouco de atenção fica fascinado pela densidade narrativa que o autor passa a apresentar, sem perder a mão, em finíssimas camadas superpostas, mil-folhas deliciosos recheados de nozes e cobertos de mel, ao mesmo tempo leves e consistentes como os melhores doces sírio--libaneses. Eduardo Portella se refere à dilatação do universo expressional de Jorge Amado, após *Gabriela*, graças a uma conquista progressiva e permanente de meios e recursos. Nelson Pereira dos Santos, ao decidir filmar *Tenda dos Milagres*, se dá conta do labirinto narrativo em que se arriscava a ficar preso, num romance tão pródigo em narradores. Com uma oferta tão generosa de caminhos que "escolher torna-se um desafio à sensibilidade do adaptador",[4] no dizer do cineasta.

Desafio à sensibilidade e à inteligência do leitor também. As leituras atentas poderão descobrir em sua obra possibilidades de entrelinhas capazes de surpreender os que tinham se acostumado a só pensar nela como uma sucessão de anedotas rasteiras. E, ainda que a crítica mais propriamente literária de um modo geral tenha sido mais lenta nessa releitura (fora notáveis exceções como algumas que já mencionamos), é inegável que, também como já assinalado, os romances de Jorge Amado cada vez mais vêm atraindo as atenções de outras disciplinas e se convertem em objeto de estudo de antropólogos e cientistas sociais.

Não é de surpreender, portanto, que o autor os ponha em cena. Literalmente, fazendo deles seus personagens. De forma gozadora e apoteótica, ao mesmo tempo. "No amplo território do Pelourinho", onde "homens e mulheres ensinam e estudam." E onde, "na Tenda dos Milagres, ladeira do Tabuão, 60, fica a reitoria dessa universidade popular".

Risco de milagres

Naquele endereço ficcional funcionava uma lojinha pequena e bem simples. Uma tendinha, como se diz. Apesar do imponente nome de Tenda dos Milagres, a oficina de Lídio Corró, que acabou dando o nome a um belo romance e, antes de ceder o ponto para o bazar de miudezas que mais tarde a ocuparia, por muitos anos serviu ao mesmo tempo de oficina tipográfica e de ateliê onde um artista popular fazia seus riscos de milagres. Quer dizer, desenhava e entalhava na madeira os ex-votos com que a gente simples que constituía sua freguesia iria agradecer por supostos milagres ou pagar promessas por graças alcançadas. Muitas vezes diante de imagens esculpidas pelo santeiro Miguel, tão intimamente parentes dos orixás de mestre Agnaldo. Todos seus vizinhos nas imediações do Pelourinho e na geografia cultural da Bahia.

"Há entre esses eleitos do Vaticano e aqueles curingas e caboclos de terreiro um traço comum: sangues misturados", revela o autor. Não é de espantar. Os sangues misturados são o milagre maior que Jorge Amado celebra. E o romance *Tenda dos Milagres* é seu evangelho.

Nenhum escritor costuma apontar uma preferência nítida entre seus diversos livros. Mas, num universo tão vasto, Jorge Amado não conseguia deixar de destacar *Tenda dos Milagres*, referindo-se a ele com uma mistura especial de carinho e orgulho:

> De meus livros, é o meu preferido, cuja temática mexe muito comigo. Talvez Pedro Archanjo seja, de todos os meus personagens, o mais completo. Questões importantes são abordadas através dele, o não sectarismo, a consciência de que as ideias não devem consumir o homem. Quando lhe perguntaram como ele conseguia ser materialista e, ao mesmo tempo, exercer suas funções no candomblé ele respondeu: "Meu materialismo não me limita".[1]

E mais: "Trata da questão da formação da nacionalidade brasileira, a miscigenação, a luta contra o preconceito, principalmente o racial, e contra a pseudociência e a pseudoerudição europeia".

O que primeiro chama a atenção nesse romance é a vertiginosa variação de pontos de vista narrativos, a fartura de visões, a opulência de recursos, a prodigalidade de vozes para o ato de contar. Logo após suas eloquentes e bem escolhidas epígrafes, o livro se inicia com uma ampla *ouverture* geral na terceira pessoa, apresentando o tema e o cenário, qual uma panorâmica feita por câmera cinematográfica enquanto se exibem os créditos na tela, ou um coro grego anunciando o resumo do espetáculo que a plateia vai ver em seguida.

Logo depois, começa a narrativa propriamente dita, em primeira pessoa, feita por Fausto Pena, bacharel em ciências sociais e portador desse nome alusivo à glória e à escrita. Explica o personagem que fez uma pesquisa sobre a vida e a obra de Pedro Archanjo, encomendada por James D. Levenson, professor da Universidade de Columbia, prêmio Nobel de ciência, para servir de prefácio à tradução das obras de Archanjo em inglês. Reclama por não ter recebido crédito por seu trabalho, só dólares, e se queixa de que o material foi pouco usado, deixando-o então à vontade para agora evitar o desperdício e aproveitá-lo melhor, utilizar suas anotações e publicar um livro. Esse livro que o leitor está lendo? Possivelmente. Não se esclarece. Fica no ar a dúvida.

Em seguida, a narrativa já prossegue na terceira pessoa, admitindo a hipótese levantada, de que talvez estejamos lendo o livro de Fausto Pena. Narra-se a chegada contemporânea de Levenson ao Rio de Janeiro e seu anúncio à imprensa de que estava apenas fazendo uma escala na cidade, a caminho da Bahia, onde iria pesquisar sobre Pedro Archanjo — de quem seus interlocutores jamais tinham ouvido falar. Descobre-se que um certo professor Ramos o conhecia, o que o leva a dar uma entrevista sobre sua obra (e leva o leitor atento a desconfiar de que se trata de discreta homenagem ao professor Artur Ramos, indicando que o livro pode ter mais camadas de pistas ocultas do que se supunha a princípio). Entra, então, a primeira referência temporal mais precisa sobre Archanjo — não era alguém assim tão distante, morrera "em 43, há 25 anos", o que situa em 1968 o presente da narrativa do romance, publicado em 1969.

Essa referência permite então uma interrupção no relato, a fim de que se volte atrás e se siga o exemplo já dado nos casos de Quincas e de Vadinho: que se comece a celebração da vida do protagonista contando sua súbita morte, ocorrida um quarto de século antes do começo da narrativa. Entra-se, então, na reconstrução biográfica pela memória dessa morte de um Pedro Archanjo, velho, pobre, cheio de cachaça, doente do coração, caído em plena rua e encontrado por bêbados. Entre eles, o "major" Damião, apelidado "Rábula do Povo". No enterro popular, onde todos vão chegando e evocando o morto em novo coro, Damião relembra que era menino quando o conheceu. Rememora os livros que Archanjo o fizera ler, os poemas que lhe ensinara de cor — e com isso traz à cena heróis da mitologia grega e de Dumas, o Velho Testamento e toda a corte dos orixás, versos de Gonçalves Dias e de Castro Alves, aventuras de Dom Quixote e viagens de Gulliver. Começa a se compor dessa forma o esboço de um primeiro retrato intelectual do morto, por meio dos livros cuja vida intensa ele irradiava a seu redor, em influência que reverberava. Um mestre.

A narrativa volta depois à primeira pessoa, recheada de ironias contra intelectuais ávidos de promoção pessoal, dispostos a tomar carona na curiosidade da mídia sobre o desconhecido personagem citado pela celebridade ganhadora do Prêmio Nobel. Só um deles, Azevedo, o conhecera mesmo e até fora a seu enterro, chegara até a ouvir falar em Lídio Corró. Mas, de repente, uma surpresa: surge o major Damião em pessoa nesse presente narrado, em 1968. Adentra a redação e procura o dono do jornal baiano, voluntariando-se para dar uma entrevista sobre Archanjo, em que contará que foi com ele que aprendeu tudo o que sabe. No segundo momento dessa iniciativa, durante a própria entrevista dada a um repórter, descobre-se que Pedro faria cem anos nesse mesmo ano. Munido desse dado, o jornal decide então partir para uma grande campanha de celebração do centenário, redescobrindo a sumidade local que havia sido esquecida e fora inesperadamente trazida à baila por obra e graça de uma referência estrangeira.

Mais uma vez em terceira pessoa, após novo corte o passado é lembrado, numa panorâmica do contexto cultural da época. Conta-se muito sobre Carnaval, entrudo e afoxés, registrando que estes apareceram em 1895 e foram proibidos em 1904, mas, apesar disso, Pedro Archanjo desafiou a proibição e organizou um grande afoxé para celebrar Zumbi. O leitor também passa a saber muita coisa sobre a vida pessoal do personagem. Por exemplo, sua amizade com Lídio Corró, que era apaixonado por Rosa de Oxalá. E verifica que Pedro também amava a mesma mulher, mas em segredo, e a lealdade ao amigo impedia esse amor correspondido.

Em compensação, ele se relacionou com dezenas de outras mulheres que cruzaram seu caminho, e teve filhos com várias delas, a começar por uma sueca ou finlandesa. O narrador onisciente e não identificado conta seus pensamentos, fala de seus sentimentos, revela até seus sonhos. Sabe tudo, conhece segredos, entra em todo canto, e não faz parte da história contada.

Mas logo o romance volta à primeira pessoa, com as reclamações de Fausto Pena contra os jornais a quem quer vender sua pesquisa e que até admitem lhe pagar mas não aceitam publicar com fidelidade aquilo que ele vai descobrindo sobre o grande baiano, "aquele achincalhe" da figura de Pedro Archanjo, em contraposição à figura idealizada que interessa à mídia. Então Fausto vende seu silêncio. O que não impede que uma narrativa em terceira pessoa prossiga, detalhada, relatando as reuniões que se fazem na atualidade para planejar os festejos do centenário, agora já com a participação de outras instituições e a presença de representantes de autoridades diversas. Muito embora um sugerido seminário sobre mestiçagem e apartheid venha a ser proibido como parte dessas celebrações (afinal de contas, em 1968 o país está em plena ditadura militar), decide-se ouvir mais o major Damião para dar mais embasamento às homenagens a serem prestadas. E tome novos relatos, de outro ângulo.

A mudança seguinte na voz narrativa é inesperada. Subitamente, entra em cena uma segunda pessoa, não identificada, alguém a quem um misterioso narrador se dirige, presente apenas por meio de um vocativo: "Contam, meu amor, que certa feita…" ou "Milagre é isso, meu amor…". E o que se conta, entre oscilações temporais, é como as troças carnavalescas tomaram o Carnaval no início do século xx, como os afoxés ou encantamentos só voltariam em 1918, como os milagres riscados por Lídio foram crescendo entre ternos de reis e pastoris, candomblé e rodas de capoeira. E como Pedro Archanjo foi vivendo, se iniciando nas funções de aprendiz de tipografia, como saiu para conhecer o mundo e depois, de volta do Rio, namorou a finlandesa Kirsi (que, antes de voltar grávida dele para sua terra, foi destaque do Terno da Estrela Dalva). Conta-se também como Archanjo, após se tornar sócio de Lídio numa pequena gráfica, foi nomeado bedel da faculdade de medicina em 1900, com 32 anos de idade.

O recurso à oficina de tipografia permite a entrada de novas vozes: os folhetos de cordel, lá impressos, e que também começam a contribuir para a narração da história de Pedro Archanjo. Juntam-se a uma miríade de registros em terceira pessoa que contam, aludem, deformam, retificam, distorcem, confirmam e corrigem uma narrativa cuja instabilidade deixa qualquer um zonzo e cuja flutuação temporal se faz numa sucessão de idas e vindas entre épocas diversas. Todos falam e dão palpites, loquazes, em reuniões de pauta do jornal ou em conversas para organizar seminários (em que um dos organizadores, marxista, quer levar o foco para a luta de classes, enquanto outro, seguidor dos Panteras Negras, "piolho do Carmichael", quer desenvolver uma linha de celebração enaltecendo a violência e o racismo ao contrário, do negro contra o branco). Campanhas de publicidade exploram imagens de Archanjo palatáveis a interesses diversos, tendo em vista o centenário. Cada um puxa a brasa para sua sardinha.

Entre os exemplos de alterações da percepção de seu papel, que passam a ser mencionadas pelas diferentes evocações de Archanjo, corroborando a velha máxima de que quem conta um conto aumenta um ponto, podemos lembrar mais algumas. A utilização que a publicidade faz de seu nome para aumentar o consumo (em slogans como "Brinde o centenário de Archanjo com o chope Polar"). A apropriação de sua fama feita pela faculdade de medicina onde ele trabalhara e, por contiguidade, a incorporação da Associação de Médicos Escritores aos festejos. Cartas à redação do jornal. Uma peça teatral de Fausto Pena, reunindo luta de classes e folclore. Um concurso de redação escolar promovido pela Aguardente Crocodilo — iniciativa que se desdobra numa sequência, que vai dos dados objetivos sobre o personagem levantados pelo professor Calazans, passa por um texto da agência de publicidade a ser distribuído às escolas, atravessa a fala das professoras nas salas de aula explicando o tema aos alunos e chega às redações dos meninos, de que se transcreve um exemplo. O leitor acompanha de dentro dos textos a gradativa construção dos disparates.

O artifício de evocar um protagonista por meio de testemunhos diversos e díspares a seu respeito não é novo. Além de alguns exemplos literários, não há como esquecer que o cinema construiu duas obras-primas com esse recurso: *Cidadão Kane*, de Orson Welles, e *O homem que matou o facínora*, de John Ford. O procedimento de Jorge Amado, portanto, não é novidade em si. Inédito é o grau a que ele leva esse esfacelamento do ato de contar, numa multiplicação de perspectivas e num tom crescentemente satírico, cuja ironia pode ser vista até mesmo em títulos de capítulos como: "De como a sociedade de consumo promoveu as comemorações do centenário de Pedro Archanjo, capitalizando-lhe a glória, dando-lhe sentido e consequência".

Todo esse material é mantido absolutamente sob controle pelo autor, apesar da profusão. Trata-se, sim, de um caleidoscópio narrativo, multifacetado e mutante. Mas, logo após essa apoteose de esfacelamento, a narrativa volta com força à terceira pessoa e avança com altas doses de informação que ampliam o contexto histórico-cultural, mesmo depois de Fausto Pena ter se despedido com um vocativo que introduz um tratamento de segunda pessoa no plural: "Despeço-me, senhores, deixo Pedro Archanjo na cadeia".

Não precisamos mais seguir passo a passo essas mudanças de ponto de vista narrativo. O leitor pode fazê-lo por si mesmo. O que interessa é assinalar como esse processo é rico, elaborado, e serve bem às intenções do pacto implícito do texto, construindo um vasto somatório de fios que se entretecem e ajudam a criar uma obra polifônica e mestiça.

Acompanhamos como Pedro Archanjo estuda por onze anos, até publicar seu segundo livro, e vemos como se desenvolve o embasamento de suas teorias, que celebram a mestiçagem e a cultura mestiça, enquanto, paralelamente, seguimos a história das perseguições às festas e aos cultos afro-brasileiros e aos casamentos mistos. E vemos como se configura o antagonismo entre duas correntes de pensamento que dominarão toda a história. No fundo, como assinala Rita Olivieri-Godet, "os componentes antitéticos da fabulação e da estrutura romanesca ressaltam a oposição entre dois projetos de civilização que se confrontaram no momento em que o país queria se afirmar como uma jovem nação republicana independente".[2]

De um lado, as ideias eugênicas muito em voga entre importantes intelectuais brasileiros do início do século XX (de Sílvio Romero e Tobias Barreto a Nina Rodrigues e Euclides da Cunha), as teorias racistas e pseudocientíficas que defendiam a superioridade ariana e europeia (no livro encarnadas no personagem Nilo Argolo) e o que Olivieri-Godet define como "um projeto de modernização da nação baseado em matrizes coloniais e em uma retórica de exclusão". Do outro, as teorias que valorizavam o processo da mestiçagem e a cultura sincrética e híbrida dele resultante, esboçados por autores como Manuel Querino (e é sintomático que uma das epígrafes de *Tenda dos Milagres* seja dele, em homenagem explícita) e desenvolvidas a partir dos anos 1930 por nomes como Artur Ramos e Gilberto Freyre, cuja visão, juntamente com o olhar amadiano, ajudou a fundar o Brasil moderno, como assinala Nelson Pereira dos Santos.[3] Uma visão descentrada, que vem de baixo e da margem, em oposição à perspectiva centralizante, que tenta se impor com a força vinda do alto e se aglutina em torno de um pilar de sustentação que se pretende axial e pivotal.

A narrativa irá opor essas visões, mostrando o enfrentamento crescente entre Pedro Archanjo e as propostas segregacionistas de Nilo Argolo, que chega a sugerir a possibilidade de separação dos descendentes de africanos e de europeus em áreas diversas, numa espécie de nova Libéria, para "pôr freio à mestiçagem", e leva a discussão até a Assembleia Constituinte de 1934. Além disso, outro contraste significativo opõe essas duas vertentes no romance de Jorge Amado. De um lado está o saber institucionalizado, transmitido por meio de currículos acadêmicos e dos mecanismos da cultura erudita oficial. Do outro, o saber autodidata, aberto para as práticas sociais do cotidiano, nutrido nas matrizes populares e tradicionais mas também capaz de aproveitar o estudo e a erudição enquanto dispensa os aspectos formalistas de que as instituições acadêmicas geralmente os revestem. Não há, na obra, nenhum laivo de elogios à ignorância como fonte reveladora de verdades genéricas. Muito pelo contrário, o autor faz questão de descrever em detalhes o penoso trabalho de aprendizado do protagonista, seu variado cardápio de leituras, sua busca de livros difíceis de achar, seu estudo de línguas estrangeiras que lhe permitiu ler no original obras não traduzidas para o português, sua sede de informação, sua ligação com bibliotecas. Pedro Archanjo não pretende meramente alegar valiosas credenciais de "formado na escola da vida". Bem longe disso, ele se impõe no âmbito intelectual, exige respeito, usa o estudo como forma de luta e poderosa arma para argumentar e calar a boca dos adversários, ir à raiz do problema e, com sabedoria, ultrapassar o estágio da raiva, conseguindo transformar "o ódio cego em desprezo e nojo".

Enquanto cresce dessa maneira, o desenvolvimento do protagonista ajuda a compor uma crítica impiedosa aos meios pseudocientíficos provincianos e nacionais, sempre calculistas e cúmplices do poder e sempre dispostos a seguir modismos, a admirar passivamente todas as ideias estrangeiras que chegam com fama de novidade, sem exigir que elas passem pelo crivo rigoroso de um trabalho da mente.

Mens sana in corpore sano, é bom lembrar. Esse processo de confronto intelectual de Pedro Archanjo com seus adversários se dá sem prejuízo dos eventuais enfrentamentos físicos com a polícia por meio da capoeira e da pancadaria, se for necessário. Mas seu objetivo é vencer por meio do saber e do riso. Para isso, parte de uma ampla coleta de dados que constitui um vasto levantamento de campo sobre a cultura popular. Ao mesmo tempo, Archanjo desenvolve também seu embasamento teórico, por meio da leitura voraz e atenta de autores de todas as origens e matizes, visando a conhecer o adversário, formar-se solidamente para poder derrubá-lo. Prepara-se para as tentativas de ser desqualificado. Sabe que vai ser refutado e combatido por todos os meios. Compreende que, para enfrentar com êxito os poderosos mecanismos institucionais, é necessário saber muito e poder provar o que afirma (e o faz com documentos, cartas de amor, certidões) — além de manejar bem os argumentos. Em suas pesquisas, chega a descobrir que tem um avoengo em comum com o adversário Nilo Argolo: o negro Bombôxê Oubitikô. A polêmica vai num crescendo, passa pela demissão de Archanjo, por protestos estudantis, pela solidariedade de setores intelectuais, e culmina com o empastelamento da tipografia, a prisão do protagonista por desordeiro e o confisco de seus livros por ordens do governador, preposto do regime ditatorial.

Na recriação desse processo, Jorge Amado vai muito além de uma simples defesa do tema do cruzamento entre culturas, especificamente proposto por vários autores modernistas, como lembra Alfredo Bosi.[4] Ele questiona as ideias dominantes, dá voz a uma margem sempre silenciada, expressa uma vivência periférica perturbadora e celebra "o potencial de construção de um pensamento autônomo, associado a uma prática libertária, no seio das camadas sociais mais desfavorecidas".[5] Mas faz essa celebração de uma forma carnavalesca e integradora, festiva e capaz de corroer pelo humor o pensamento oficial, que passa a ser apresentado como mistificação e engodo — e, nessas condições, desmontado pela afirmação da experiência do real, experiência essa que é desconstruidora da falsa ordem e vivenciada coletivamente pelos personagens, em sua rede de amizades e de relações de todo tipo.

Portanto, não é de admirar que, mesmo quase quarenta anos depois da publicação do romance, por vezes sua leitura ainda tenha de contornar obstáculos contra a visão que o autor tem da cultura, levantados pelos meios acadêmicos (sobretudo estrangeiros ou influenciados pelos modismos da vez, importados de fora). O principal deles é a acusação de que Jorge Amado reforça o mito da democracia racial brasileira e, com isso, impede a consolidação da consciência negra. Nessa linha, não passaria de um reles seguidor das *idealizações conservadoras* de Gilberto Freyre.

O melhor antídoto para tais equívocos seria dedicar algum tempo para ler as obras de ambos e situar o sociólogo pernambucano no contexto cultural de sua época, a fim de superar anacronismos e entender a revolução conceitual que seu olhar trouxe para o pensamento brasileiro. No caso específico de Amado, a leitura de seus romances nos leva a discutir a possibilidade de nós, brasileiros, nos sonharmos como capazes de eventualmente dar uma contribuição ao mundo na construção de tempos melhores. Algo bem modesto, talvez apenas um esboço do impossível, o risco de um milagre. Além de tudo, também um milagre cheio de riscos, mas merecedor de alguma atenção: a mestiçagem cultural.

A tentação da utopia

Pode ser que um dos aspectos mais marcantes da obra de Jorge Amado, como já assinalamos de passagem, seja sua qualidade solar. Por suas páginas claras e arejadas perpassa uma crença de que o futuro pode e deve ser melhor do que o presente. Mais que isso, há nelas a convicção de que os personagens (e as pessoas de verdade com quem eles se confundem e se misturam) serão capazes de construir tempos melhores porque conseguem vivenciar isso desde já — em suas alegrias, celebrações e amizades. Podem ser pobres e sofredores, explorados e excluídos, vítimas do poder e da violência, mas nunca são uns desgraçados sem esperança.

No universo amadiano, a utopia é sempre tentadora, como possibilidade e como meta. É um sol que aquece, ilumina e traz a certeza de colheitas para algum dia. Ao se frustrar com as promessas partidárias e abandonar a utopia política do comunismo, que não distinguia proletários brancos, negros ou mestiços, sua obra vai cada vez mais se impregnar de uma visão capaz de matizar experiências pessoais e bagagens socioculturais diversas. Focaliza mais as questões de gênero e etnia, como vimos, e propõe uma discussão fecunda de nossas matrizes, sobretudo em *Tenda dos Milagres*.

Nem sempre essa proposta foi bem percebida — principalmente nos meios sujeitos a modelos estrangeiros de pensamento, como lembramos. Um olhar de fora ganha distância para situar com mais perspectiva, é verdade — e é até possível que a longa experiência do exílio tenha contribuído para desenvolver em Jorge Amado uma percepção mais aguda de alguns comportamentos e tendências ou que estudos e leituras de Gilberto Freyre no exterior tenham ajudado o pernambucano a formular suas teorias. Mas ocorre também, e com frequência, que especialistas e estudiosos que vivem em outras sociedades e outros contextos culturais, justamente por estarem distanciados de nossa realidade, encontrem certa dificuldade de distinguir alguns entretons.

No caso da obra de Jorge Amado (e, mais especificamente, de *Tenda dos Milagres*), posso referir dois casos concretos, de minha própria experiência, que nos recordam que a simples transferência de marcos de análise teórica de um lugar para outro pode ser instigante e conduzir a considerações férteis, mas também corre o risco de não funcionar, se não estiver amparada num conhecimento real do objeto de estudo.

No curso na Universidade de Berkeley, os alunos levantaram um ponto de discussão interessantíssimo, enveredando por uma comparação entre Pedro Archanjo e Martin Luther King, que escolheram como modelos de dois grandes lutadores da causa dos direitos dos negros. Os universitários debateram animadamente semelhanças e diferenças, examinaram as distinções legais entre as duas situações. Por exemplo, entre uma legislação, nos Estados Unidos, que impunha a segregação até fim dos anos 1960 e penalizava na esfera criminal quem a transgredisse, e outra que, no Brasil, precisou criar leis como a Afonso Arinos para combater um apartheid não declarado mas tão introjetado na sociedade que necessitava ser explicitamente classificado como crime para que houvesse meios legais de dissuadi-lo. Mas onde os estudantes encontraram um abismo de diferença entre os dois foi no aspecto cultural e comportamental. Observaram que Pedro Archanjo lutava pela liberdade de culto no candomblé, mantendo viva a contribuição africana, enquanto Martin Luther King combatia pelos direitos civis mas era um pastor religioso, braço da religião europeia trazida pelos colonizadores. Tinha um comportamento exemplar para qualquer herdeiro do puritanismo do *Mayflower*. Pedro Archanjo, por sua vez, vivia solto pelas ladeiras da Bahia, punha os amigos em primeiro lugar, festejava, dançava, bebia cachaça, fazia filhos indistinta e profusamente em mulatas, negras, suecas ou finlandesas. Daí que os alunos se perguntavam: no fundo, qual dos dois estaria mais próximo da cultura europeia colonizadora? Qual teria mais afinidade com a cultura africana? Foi um debate rico e dos mais animados.

O outro episódio ocorreu no curso que dei na Universidade de Oxford. Dessa vez, não foram os alunos que levantaram o tópico da discussão, mas o professor Thomas Earle, catedrático de literatura do departamento de língua portuguesa. Surpreendeu-me ao final de uma palestra ao argumentar que, nos meios acadêmicos anglo-saxões, Jorge Amado é visto como racista. Diante de meu espanto com a esdrúxula opinião, justificou-a recorrendo a dois exemplos. Em *Jubiabá*, Antônio Balduíno é negro e um herói positivo, sim, mas apaixonado por Lindinalva, uma loura. E o chefe do bando dos capitães da areia é o único louro do grupo, Pedro Bala.

Poderia haver muitos outros. De bate-pronto, acrescentei à lista a finlandesa de Pedro Archanjo e lembrei que a mulata dona Flor também suspira por um louro Vadinho. Mas não pude deixar de perguntar: como é que os meios acadêmicos anglo-saxões imaginam que poderá surgir a mestiçagem em alguma sociedade se representantes de etnias diferentes não se permitirem viver uma atração mútua e uma descoberta das seduções e encantos do outro?

Na verdade, há controvérsias. Um especialista e crítico como Gregory Rabassa, ex-professor da Universidade de Columbia e autor de *O negro na ficção brasileira*, não teve nenhuma dificuldade em reconhecer que é de Jorge Amado "o melhor retrato dos negros da Bahia e dos estados vizinhos. Todos os romancistas da região juntos não chegam a dar uma parte de sua visão panorâmica dessa existência".

O reparo que lhe faz é de outra ordem:

> A única desvantagem de se usar os romances de Jorge Amado como base para formar uma impressão sobre a vida do negro baiano é o fato de que ele se preocupa, quase exclusivamente, com pretos pobres, enquanto que na Bahia, em particular, há numerosas pessoas de ascendência africana que pertencem à classe média e, até mesmo, à alta.[1]

Mas as observações do professor Thomas Earle se baseiam em obras de outros autores anglo-saxões, como David Brookshaw[2] ou David Haberly,[3] e em porta-vozes dos movimentos de militância negra, que preferem lamentar a corrosão advinda da mestiçagem e valorizar mais a pureza étnica, defendendo a manutenção da separação — ainda que flexibilizada. Justificam tal posição com aquilo que veem como uma necessidade de valorização e afirmação de uma identidade até então prejudicada pela história. Nesse caso, não há dúvidas de que a obra de Jorge Amado tem tudo para despertar críticas. Como bem sintetiza Eduardo de Assis Duarte:

> Em *Tenda dos Milagres* ocorre, em paralelo ao discurso da elevação da raça negra, um elogio à miscigenação e ao cadinho cultural brasileiro. Em certa medida tributário das teses de Gilberto Freyre

relativas à democracia racial. É um tópico polêmico, a requerer por sua complexidade um outro estudo, mas que não deixa de estabelecer uma tensão entre a representação identitária da raça negra na obra amadiana e a visão que hoje têm os defensores de uma negritude íntegra em sua fidelidade à pureza original africana.[4]

Um tópico polêmico, é verdade, mas também uma questão crucial na utopia amadiana, em que a transformação social tem suas raízes na dinâmica da cultura popular e na intertessitura de um pluralismo de contribuições. O matiz é sutil, mas merece destaque em nome da honestidade intelectual. Jorge Amado não está pregando em sua obra uma mestiçagem apenas física, nem fazendo uma celebração adocicada das violências sexuais de senhores contra escravas culminando numa "mulatice" pitoresca — ou em suas continuações e permanências, sob diversas formas, na sociedade brasileira contemporânea. Fala de outra coisa. O romancista baiano parte da constatação de nossa incontestável mistura étnica, para então discernir a mestiçagem cultural como traço essencial de nossa identidade. Sua utopia defende a abolição do domínio exercido pelo erudito sobre o popular, recusa a autoridade calcada na hierarquia, mas propõe em seu lugar o reconhecimento, a incorporação respeitosa e a fusão das diferentes contribuições culturais dos tantos plurais que constituem o Brasil.

Não se trata de acenar com o mito da democracia racial — como uma bandeira agitada nas trincheiras. Trata-se de refletir a possibilidade de uma democracia feita de mestiçagem cultural — como um espelho que mostrasse um futuro sonhado. Essa é a diferença, sutil mas importantíssima. Ele não está falando de raças, mas de culturas. É dessa visão que se constrói no autor o que Olivieri-Godet chama de "projeto identitário baseado na mescla de elementos culturais diversos que se interpenetram e se transformam, criando algo novo".[5]

Em vez de fazer como certas correntes que tentam eliminar a consciência e a importância da mestiçagem e, com isso, fazer de conta que no Brasil todos somos ou brancos, ou negros ou índios, o romancista baiano exalta a miscigenação, observa que a mistura étnica no país criou uma mestiçagem cultural e prega que nos orgulhemos dela. Às vezes até mesmo em arroubos de tom oratório. Essa pregação pode vir pela boca de personagens, como Pedro Archanjo, e ser repetida de formas diferentes. Por exemplo, pode vir como uma constatação nítida e enfática: "É mestiça a face do povo brasileiro e é mestiça a sua cultura".

Pode se apresentar sob a forma de uma hipótese levantada por Pedro Archanjo quase no jargão das ciências sociais: "Se o Brasil concorreu com alguma coisa válida para o enriquecimento da cultura universal, foi com a miscigenação — ela marca nossa presença no acervo do humanismo, é a nossa contribuição maior para a humanidade".

Ou pode ser expressa, sempre por Archanjo, num tom conclamatório e profético. "Formar-se-á uma cultura mestiça de tal maneira poderosa e inerente a cada brasileiro que será a própria consciência nacional, e mesmo os filhos de pais e mães imigrantes, brasileiros de primeira geração, crescerão culturalmente mestiços."

Mas essa fé utópica corresponde também, de modo perfeito, ao coloquialismo com que o romancista trata do assunto em *Navegação de cabotagem*, ao recordar:

> Não sei que espécie de babaquice atacou Verger, padre François e os demais velhinhos filhos de santo, ogãs, babalaôs, sábios titulares do candomblé baiano, mestres de tudo quanto se refere às seitas afro-brasileiras, ao sincretismo religioso e cultural, estudiosos das relações África x Brasil, conhecedores das similitudes e das diferenças, sabendo que elas existem e por que existem, de repente, sem aviso prévio, se fazem puristas africanos, negros imaculados. Pretendem

que cerimônias, rituais, designações, a língua iorubá, o culto nagô, o candomblé enfim se processe na Bahia igualzinho ao da África, sem tirar nem pôr: muito se tirou, muito se pôs.
Estabeleceram para tanto um projeto e o levaram a cabo. Tudo perdido, resultado nulo, mais poderosa que qualquer ideologia, mesmo baiana, é a realidade que determina e impõe régua e compasso.

E, depois de historiar as tentativas puristas dos amigos e estudiosos (aliás, ambos de origem europeia, por coincidência), mostra como a prática volta a ser sincrética assim que eles se afastam e

apenas os velhinhos vão às suas casas repousar, no terreiro troca-se de nação, a festa nagô se dá por terminada, a orquestra bate caboclo nos atabaques e os índios velhos, os juremeiros, os pajés, os pais-joão, as marias-padilha, juntam-se aos orixás na dança agora improvisada, no canto em português, o sincretismo se impõe, não resta fumaça da pureza que os mestres foram buscar na África.

Mais que essa descrição divertida, há outros trechos, também na *Navegação de cabotagem*, em que se faz sentir, inequívoca, a contundência do comentário a respeito de um fenômeno que já tem sido chamado de "genocídio estatístico" por alguns especialistas, que denunciam as tentativas de apagamento do mestiço brasileiro em prol de conceitos de etnia pura: "Os radicais da negritude nacional são mulatos brasileiros, uns mais escuros, outros mais claros, cujo único ideal na vida é serem negros norte-americanos, de preferência ricos".

O reconhecimento da mestiçagem e a celebração da sua riqueza cultural fazem parte do panorama que Roberto DaMatta detecta e celebra como "teorias do Brasil" na obra de Jorge Amado. Já nos referimos a alguns desses conceitos anteriormente, destacando elementos como a carnavalização, a construção de uma obra relacional, o reconhecimento da triangulação. DaMatta, porém, vai mais além e dá um passo adiante ao identificar nesse universo simbólico amadiano as bases de uma utopia, que teria a ver com o sonho de fazer com que "o espírito de Vadinho, malandro, generoso, alegre e criativo (que é do povo, do Carnaval, das festas, dos santos e dos orixás) possa ser trazido à luz do dia na construção de um projeto político", que consiga "realizar afinal a síntese positiva das leis com os amigos".[6]

Ao analisar as alternativas ficcionais e simbólicas propostas nos romances de Jorge Amado, DaMatta lembra Tom Jobim. O compositor dizia que o Brasil é terrível para morar e maravilhoso para viver, em contraposição aos Estados Unidos, país maravilhoso para morar (tudo funciona, o cidadão é respeitado) e terrível para viver (falta calor humano, os elos sociais são calculistas). Com Jorge Amado e a incorporação das riquezas e do pluralismo da mestiçagem cultural, o antropólogo sugere que é possível sonhar a utopia de se ter o melhor dos dois lados. A proposta amadiana seria a de uma sociedade carnavalizante e festiva, baseada na amizade mas, ao mesmo tempo, menos arrogante e mais igualitária. Menos defensora de purismos e mais adepta do pluralismo, da ambiguidade e do hibridismo. Como dona Flor com seus dois maridos, capaz de improvisos diante de surpresas mas, também, de planejamento e método para cumpri-los. Uma nação na qual, ao lado dos celebrados ideais de fraternidade e de liberdade, se consiga somar o respeito à igualdade no nosso *criativo hibridismo institucional*.

Sonho, com certeza. Utopia, talvez. Mas nem por isso uma perspectiva menos tentadora. Ao contrário, a possibilidade de uma metaentrevista ao longe e que pode, ao menos, orientar a caminhada. Certamente, no caso dos personagens de Amado, menos uma caminhada em forma de passeata reivindicatória ou parada militar e, sem dúvida, mais um bando carnavalesco de gente cantando, dançando e namorando, no improviso e com entusiasmo.

Em seu estudo sobre Victor Hugo e *Os miseráveis*, o peruano Mario Vargas Llosa lembra os ataques feitos ao utopismo do livro por Lamartine, ao dizer que o romance seria capaz de "induzir o ser humano a odiar aquilo que o salva, a ordem social, e a delirar por aquilo que é sua perdição: o sonho antissocial do ideal indefinido".[7] Lamartine acusava o livro de Hugo de ser perigoso para o povo, por seu excesso de ideal, e afirmava:

> O livro é perigoso porque o perigo supremo em relação à sociabilidade consiste em que, se o excesso seduz o ideal, ele o perverte. Apaixona o homem pouco inteligente pelo impossível: a mais terrível e homicida das paixões que se pode infundir nas massas é a paixão do impossível.

Vargas Llosa recorda também que encontrou uma citação em *Rebeldes primitivos*, de Eric Hobsbawm, segundo a qual o que os príncipes alemães mais temiam em seus súditos era o entusiasmo — semente de agitação, fonte de desordem.[8] Perigo latente, portanto.

Entusiasmo e paixão do impossível. Termos que não estariam fora do lugar para falarmos do que a obra de Jorge Amado tem despertado nos leitores ao longo do tempo. Em grande parte isso pode ser atribuído ao sopro de utopia em suas páginas, nascido do temperamento, da sensibilidade e das convicções íntimas do autor, capazes até de fazê-lo ir além da obrigatoriedade de mensagens doutrinárias que durante algum tempo assombrou sua obra. No fundo, essa é mesmo uma das funções da boa narrativa de ficção: oferecer ao leitor a oportunidade de transcender a segurança particular de sua realidade individual cotidiana e viver outras vidas que não cabem nos limites da sua própria. E, dessa maneira, permitir-lhe o contato íntimo e pessoal com experiências diversas da sua, alargando seus horizontes de compreensão do humano e, ao mesmo tempo, acenando-lhe com lampejos de sonhos, utopias e impossíveis.

Propiciar a seus semelhantes uma experiência desse tipo é também o papel de um bom contador de histórias. É preciso reconhecer que Jorge Amado o cumpriu como poucos em nossa literatura. Suas idealizações fabuladas, sua invenção, sua criação de personagens e situações permitem imaginar uma utopia que é, ao mesmo tempo, a tentação do impossível e uma possibilidade tentadora.

São apenas histórias. Mas, ao mesmo tempo, são retratos, espelhos e janelas onde, aqui e ali, o leitor brasileiro reconhece algo de seu — real ou imaginado. O tal sopro de vida de nosso povo, do qual o autor confessadamente se orgulhava. Merecido orgulho, que isso não é pouco.

Notas

UMA ESCOLHA NATURAL [pp. 21-9]

1. "Parceiros de viagem" (depoimento). *Cadernos de Literatura Brasileira: Jorge Amado*, Rio de Janeiro: Instituto Moreira Salles, n. 3, pp. 26-40, 1997.
2. Miécio Tati, *Jorge Amado: Vida e obra*. Belo Horizonte: Itatiaia, 1961.
3. Jorge Amado, *Navegação de cabotagem: Apontamentos para um livro de memórias que jamais escreverei*. São Paulo: Companhia das Letras, 2012. [Toda a obra de Jorge Amado foi reeditada pela Companhia das Letras.]
4. Wilson Martins, *O modernismo*. São Paulo: Cultrix, 1965.
5. "Prefácio". In: José Américo de Almeida. *A bagaceira*. 23. ed. Rio de Janeiro: José Olympio, 1987. Edição comemorativa do centenário de nascimento do autor.

QUAL É O SEU AMADO? [pp. 30-9]

1. Escritor tcheco (1915-86), autor de *A confissão: Na engrenagem do processo de Praga* (Lisboa: Inquérito, 1985).
2. Roberto Schwarz (Org.), *Os pobres na literatura brasileira*. São Paulo: Brasiliense, 1983.
3. Alfredo Bosi, "A escrita e os excluídos". In: Fórum Social Mundial, 2002,

Porto Alegre. Disponível em: <forumsocialmundial.org.br/download/Alfredo_Bosi.rtf>. Acesso em: 15 jul. 2014.

4. Daniel Boorstin, *The Image: A Guide to Pseudo-Events in America*. Nova York: Atheneum, 1980; Edgar Morin, *As estrelas: Mito e sedução*. Rio de Janeiro: José Olympio, 1989.

5. Em dezembro de 2005, de volta ao Brasil, assisto, comovida, ao filme *Vinicius*, dirigido por Miguel Faria Jr. e produzido por Susana de Moraes, e constato, com alegria, que esse processo de revisão já tem uma bela base para começar.

6. Paulo Setúbal (1893-1937), autor de romances históricos como *A marquesa de Santos* (1925) e *O príncipe de Nassau* (1926). José Mauro de Vasconcelos (1920-84), autor de *O meu pé de laranja-lima* (1968), entre outros livros.

7. *Jorge Amado, km 70*, número especial da *Revista Tempo Brasileiro*, Rio de Janeiro n. 74, jul./set. 1983.

8. Biagio D'Angelo, "Dona Flor y sus dos carnavales: Para una relectura de Jorge Amado". *Cuadernos Literários*, Eima: Fondo Editorial UCSS, Universidad Católica, ano III, n. 5, 2005.

MÁ FORTUNA, AMOR ARDENTE [pp. 40-5]

1. Pierre Rivas, "Fortuna e infortúnios de Jorge Amado". In: Rita Olivieri-Godet e Jacqueline Penjon (Orgs.). *Jorge Amado: Leituras e diálogos em torno de uma obra*. Salvador: Fundação Casa de Jorge Amado, 2004.

2. "Na Baía de Todos-os-Santos, só a vida importa". *Folha de S.Paulo*, São Paulo, 7 ago. 2001. [Publicado originalmente em *Alger Républicain*, 9 abr. 1939.]

3. Affonso Romano de Sant'Anna, "De como e por que Jorge Amado em *A morte e a morte de Quincas Berro Dágua* é um autor carnavalizador sem nunca ter se preocupado com isso". *Tempo Brasileiro*, Rio de Janeiro: n. 74, pp. 45-65, jul./set. 1983.

4. José Maurício Gomes de Almeida, *A tradição regionalista do romance brasileiro: 1857-1945*. 2. ed. rev. Rio de Janeiro: Topbooks, 1999.

5. Eduardo de Assis Duarte, *Jorge Amado: Romance em tempo de utopia*. Rio de Janeiro: Record, 1996.

6. Roberto DaMatta, *A casa e a rua: Espaço, cidadania, mulher e morte no Brasil*. Rio de Janeiro: Rocco, 1997.

7. Machado de Assis, "Notícia da atual literatura brasileira: Instinto de nacionalidade", *Novo Mundo*, 24 mar. 1873, in: *Obra completa*, v. 3, p. 801. Rio de Janeiro: Nova Aguilar, 1997.

8. "Evocação do Recife". In: Manoel Bandeira. *Estrela da vida inteira: Poesias reunidas*. Rio de Janeiro: José Olympio, 1966.

9. Mário de Andrade, "Pauliceia desvairada (Prefácio interessantíssimo)". In: _____. *Poesias completas*. São Paulo: Martins, 1966.

10. Oswald de Andrade, "Manifesto da poesia pau-brasil". In: _____. *Obras completas*. Rio de Janeiro: Civilização Brasileira, 1972. v. 6.

OS SENTIDOS DO POPULAR [pp. 46-62]

1. Alice Raillard, *Conversando com Jorge Amado*. Rio de Janeiro: Record, 1992.

2. "*To the happy few*" é a dedicatória de Stendhal no final de *A cartuxa de Parma* (São Paulo: Companhia das Letras: 2012).

3. Alfredo Bosi, *História concisa da literatura brasileira*. São Paulo: Cultrix, 1975.

4. Idem, *Dialética da colonização*. São Paulo: Companhia das Letras, 1992.

5. Jorge Amado, *Carta a uma leitora sobre romance e personagens*. Salvador: Casa de Jorge Amado, 2003.

6. João Guimarães Rosa, "Diálogo com Günter Lorenz". In: Eduardo F. Coutinho (Org.). *Guimarães Rosa*. Rio de Janeiro: Civilização Brasileira, 1983. v. 6. (Coleção Fortuna Crítica.)

7. Mario Vargas Llosa, *A tentação do impossível*. Rio de Janeiro: Alfaguara: 2012.

8. Glauber Rocha, "Cravo e canela (ou Jorge diretor de cena)". *Diário de Notícias*, Salvador: 9 maio 1960.

9. Disponível em: <www.academia.org.br/abl/cgi/cgilua.exe/sys/start.htm?infoid=723&sid=244>. Acesso em: 17 jul. 2014.

10. Disponível em: <www.dominiopublico.gov.br/pesquisa/DetalheObraForm.do?select_action=&co_obra=1837>. Acesso em: 17 jul. 2014.

11. Marlyse Meyer, *Folhetim: Uma história*. São Paulo: Companhia das Letras, 1996.

12. Sobre a importância e persistência do gênero entre nós até bem avançado o século XX, ver José Ramos Tinhorão, *Os romances em folhetins no Brasil: 1830 à atualidade* (São Paulo: Duas Cidades, 1994).

13. John Gledson, da Universidade de Liverpool, tem um estudo muito interessante comparando as versões de *Quincas Borba* em folhetim na revista e em livro (disponível em: <machadodeassis.net/revista/numero08/rev_num08_artigo02_03.asp>; acesso em: 18 jul. 2014), e Ana Cláudia Suriani da Silva, em *Machado de Assis's Philosopher or Dog? From Serial to Book Form* (Oxford: Legenda, 2010), examina como o ideal de ascensão social feminina nas revistas que

publicavam os romances de Machado em folhetim guarda relações com suas obras publicadas por esse meio.

14. "Vai por cinquenta anos/ Que lhes dei a norma:/ Reduzi sem danos/ A fôrmas a forma." Manuel Bandeira, "Os sapos", op. cit.
15. Marlyse Meyer, op. cit.
16. José Ramos Tinhorão, op. cit.
17. Antonio Gramsci, *Literatura e vida nacional*. Trad. e sel. de Carlos Nelson Coutinho. Rio de Janeiro: Civilização Brasileira, 1978.
18. Zélia Gattai, *Anarquistas, graças a Deus*. São Paulo: Companhia das Letras, 2009.
19. Antonio Candido, "Nota prévia". In: Marlyse Meyer, op. cit.

O DESEJO DE SEDUZIR [pp. 63-71]

1. Aos interessados no assunto, remeto a meu texto "Muito prazer: Notas para uma erótica da narrativa", em *Ilhas no tempo* (Rio de Janeiro: Nova Fronteira, 2004).
2. Liliane Dumont-Dessert, "Avant-propos". In: Eugène Sue. *Les Mystères du peuple ou Histoire d'une famille de prolétaires* à travers les âges. Paris: R. Deforges, 1977. t. I.
3. Ferreira Gullar, "Com mão de mestre", resenha de *Tieta do Agreste*. *Veja*, São Paulo: 17 ago. 1977.
4. Peter Brooks, *The Melodramatic Imagination*. Londres: Yale University Press, 1976.

UM ROMÂNTICO ANARQUISTA [pp. 72-82]

1. José Maurício Gomes de Almeida, "Jorge Amado: Criação ficcional e ideologia". In: Ivan Junqueira (Coord.). *Escolas literárias no Brasil*. Rio de Janeiro: Academia Brasileira de Letras, 2004. t. II.
2. Jorge Amado, *Carta a uma leitora sobre romance e personagens*. Salvador: Fundação Casa de Jorge Amado, 2003.
3. Silviano Santiago, "Uma ferroada no peito do pé". In: _____. *Vale quanto pesa*. São Paulo: Paz e Terra, 1982.
4. Duarte, op. cit.
5. Ivia Alves, "As mudanças de posição da crítica e a produção de Jorge Amado". In: _____. *Em torno de Gabriela e dona Flor*. Salvador: Casa de Jorge Amado, 2004.

6. Álvaro Lins, *Os mortos de sobrecasaca*. Rio de Janeiro: Civilização Brasileira, 1963.

VELHOS INGREDIENTES, NOVOS TEMPEROS [pp. 83-99]

1. "Há uma única linha de unidade em meus livros, que é a fidelidade ao povo". *O Estado de S. Paulo*, São Paulo, 17 maio 1981. Caderno Cultura, p. 183.
2. José Maurício Gomes de Almeida, *A tradição regionalista no romance brasileiro (1857-1945)*. 2. ed. rev. Rio de Janeiro: Topbooks, 1999.
3. Fábio Lucas, "A contribuição amadiana ao romance social brasileiro". *Cadernos de Literatura Brasileira*, São Paulo: Instituto Moreira Salles, 1997.
4. Aluysio Mendonça Sampaio, *Jorge Amado, o romancista*. São Paulo: Maltese, 1996.
5. Ariane Witkowski. "Jorge Amado ou a tentação autobiográfica". In: Rita Olivieri-Godet e Jacqueline Penjon (Orgs.). *Jorge Amado: Leituras e diálogos em torno de uma obra*. Salvador: Fundação Casa de Jorge Amado, 2004.
6. "Parceiros de viagem" (depoimento), op. cit.
7. "Há uma única linha de unidade em meus livros, que é a fidelidade ao povo", op. cit.
8. Jorge Amado, *Carta a uma leitora sobre romance e personagens*. Salvador: Fundação Casa de Jorge Amado, 2003.
9. Eduardo de Assis Duarte, "Classe, gênero, etnia: Povo e público na ficção de Jorge Amado", *Cadernos de Literatura Brasileira*, São Paulo: Instituto Moreira Salles, 1997.
10. Ilana Strozenberg. "Gabriela, cravo e canela ou As confusões de uma cozinheira bem-temperada". *Jorge Amado, km 70*, número especial da *Revista Tempo Brasileiro*, Rio de Janeiro: n. 74, jul./set. 1983.
11. Tema que desenvolveu sobretudo em entrevistas, como as recolhidas em *O grão da voz* (Rio de Janeiro: Francisco Alves, 1995).
12. Eduardo Portella, *Dimensões III*. Rio de Janeiro: Tempo Brasileiro, 1965.

UM E OUTRO (E MAIS OUTRO AINDA) [pp. 100-10]

1. Affonso Romano de Sant'Anna, op. cit.
2. Roberto DaMatta, "Dona Flor e seus dois maridos: Um romance relacional", *Jorge Amado, km 70*, idem; e "Do país do Carnaval à carnavalização: O escri-

tor e seus dois Brasis", *Cadernos de Literatura Brasileira: Jorge Amado*, São Paulo: Instituto Moreira Salles, 1997.
3. Da Matta, op. cit., 1997.
4. "Parceiros de viagem" (depoimento), op. cit.

RISCO DE MILAGRES [pp. 111-21]

1. Esta citação e a seguinte são de Alice Raillard, op. cit.
2. Rita Olivieri-Godet, "Jorge Amado e a escrita da margem na figuração identitária". In: Rita Olivieri-Godet e Jacqueline Penjon (Orgs.). *Jorge Amado: Leituras e diálogos em torno de uma obra*. Salvador: Fundação Casa de Jorge Amado, 2004.
3. "Parceiros de viagem" (depoimento), op. cit.
4. Alfredo Bosi, *Dialética da colonização*. São Paulo: Companhia das Letras, 1992.
5. Rita Olivieri-Godet, op. cit.

A TENTAÇÃO DA UTOPIA [pp. 122-31]

1. Gregory Rabassa, *O negro na ficção brasileira: Meio século de história literária*. Rio de Janeiro: Tempo Brasileiro, 1965.
2. David Brookshaw, *Raça e cor na literatura brasileira*. Trad. de Marta Kirst. Porto Alegre: Mercado Aberto, 1983.
3. David T. Haberly, *Three Sad Races: Racial Identity and National Consciousness in Brazilian Literature*. Cambridge: Cambridge University Press, 1983.
4. Eduardo de Assis Duarte, "Classe, gênero, etnia: Povo e público na ficção de Jorge Amado". São Paulo: *Cadernos de Literatura Brasileira*, Instituto Moreira Salles, 1997.
5. Rita Olivieri-Godet, op. cit.
6. Roberto DaMatta, *A casa e a rua: Espaço, cidadania, mulher e morte no Brasil*. Rio de Janeiro: Rocco, 1997.
7. Esta citação e a seguinte são de Lamartine, "Considérations sur un chef d'oeuvre, ou le danger du génie. *Les Misérables*, par Victor Hugo", em *Cour familier de littérature* (Paris, 1862-3). Cit. in: Mario Vargas Llosa, *A tentação do impossível* (Rio de Janeiro: Alfaguara, 2004).
8. Eric Hobsbawm, *Rebeldes primitivos: Estudos de formas arcaicas de movimentos sociais nos séculos XIX e XX*. Rio de Janeiro: Zahar, 1970. Cit. Mario Vargas Llosa, ibid.

ESTA OBRA FOI COMPOSTA PELA SPRESS EM MINION E IMPRESSA EM OFSETE
PELA RR DONNELLEY SOBRE PAPEL PÓLEN BOLD DA SUZANO PAPEL E CELULOSE
PARA A EDITORA SCHWARCZ EM OUTUBRO DE 2014